代打の哲学

桧山進次郎
仲田 健

GENTOSHA

はじめに——僕にも野球の神様が微笑んでくれた

二〇一三年十月十三日、私は現役生活最後の打席に向かいました。舞台はクライマックスシリーズのファーストステージ第二戦、相手は広島東洋カープ。二対七と五点をリードされた九回裏二死一塁という状況で、和田豊監督によって「代打、桧山」が告げられました。

私がアウトになれば読売巨人軍とのファイナルステージに駒を進めることができません。それはすなわち、二〇一三年シーズンの終了と共に、私の現役生活の終わりを意味します。

対戦するピッチャーは、広島の守護神であるキャム・ミコライオ。私がこのシーズン、最も苦手としていた二メートルを超える長身の豪腕投手です。

打席に向かうまでの間、「これが現役最後の打席になるかもしれない」などという特別な感慨《かんがい》は持たず、何が何でも塁に出て、後輩たちに逆転への望みを託したかった。

野球選手として最後の打者になることほど、屈辱的なことはありません。それは引退が決まっていても同じです。なんとか一矢報いてやろうという一心でした。

「センター返しや、センター返しや」

私はいつも、プレー中に心がけるべきことを声に出してつぶやいてきました。欲深く強引に振ろうものなら、いい結果は出ません。バッティングの基本であるセンター返しを念じました。

初球は、百五十三キロの直球。うまく見逃すことができたものの、自分自身がじゃっかん縮こまっているような気がしてなりません。私は再びこうつぶやいたのです。

「もっと大きく構えろ。もっと大きく構えろ」

そして二球目。やや内角低めの百五十四キロの直球を、私はうまく肘《ひじ》をたたんでバットを振り抜いた――すると打球は、ライトスタンドのポール際に消えていきました。

まさかのツーランホームランが飛び出したのです。

ダイヤモンドを一周している間、私の心中は驚きしかありませんでした。現役生活の最後に、かつて経験したことがないぐらいの、これ以上ないスイングができたのです。

なんとか一矢報いることには成功しましたが、結局、試合はそのまま終了し、阪神タイガースのファイナルステージ進出はなりませんでした。

負けたことには悔いが残る。阪神で過ごした二十二年間、夢に描いてきた日本一に、結局一度も届かないまま、現役を退くことになったのですから。しかし、最終打席で、これ以上ない本塁打を打つことができた。

「僕にも野球の神様が微笑《ほほえ》んでくれたんやな」

そんな気持ちが去来しました。

二〇〇四年に引退された八木裕さんのあとを継いで、私は「代打の神様」と呼ばれてきました。そんな愛称をいただきながらプレーしてきましたが、現役生活の最後に、野球の神様が存在することを確信できました。実際、そういった目に見えない力が働かなければ、あのコースのボールをライトスタンドに打ち返すことは不可能だったように思います。

初打席は、プロ一年目の五月三十日に行われた巨人戦でした。対戦したピッチャーは斎藤雅樹さん。三振に倒れました。

私の野球人生は三振に始まり、本塁打で終えました。なんだかそれが、野球選手として最高のストーリーのような気がしてなりません（笑）。

今、二十二年間の現役生活を振り返ると、悔しいことばかりが思い出されます。主砲候補と期待されながら、入団後数年間は一軍と二軍を行ったり来たりするエレベーターボーイでした。プロ四年目にしてレギュラーに定着することができ四番を任されましたが、一九九九年に野村克也監督が就任すると、ベンチを温める機会が多くなりました。星野仙一監督に代わり、優勝した二〇〇三年……初めてセ・リーグ制覇を達成することができたものの、日本一には届かず、二〇〇六年以降、再びレギュラーから外されると、代打稼業が私のポジションとなりました。一打席にすべてを賭けることの立場の、難しさもおもしろさも体験しましたが、私のなかでは「打って守って走ってこそ野球選手」という想いは消えませんでした。

最後の一打席で、私の努力――食らいつくだけで必死だったプロ一年目の春季キャンプや甲子園での練習、そして二十二年間も個人トレーナーを務めてくれた仲田健とのトレーニングが報われたことが、せめてもの救いかもしれません。

本書は、二十二年間の現役生活を私自身が振り返りながら、あわせて誰より近くで野球選手・桧山進次郎を支えてくれた仲田健の証言を交えて展開していきます。

正直、私は自身の練習する姿を誰かに見られることが、あまり好きではありません。練習やトレーニングは誰のためでもなく自分のためだけに行うものであり、また誰かにアピールする類《たぐい》のものではないという信念があるからです。

それは、私に野球を志すきっかけを与えてくれた、今は亡き父の教えでもあります。現役生活を自分自身で振り返るのはどうも口幅《くちはば》ったく、どうやってチャンスを掴み、いかにして苦境を乗り切ってきたのか――そういったことを言葉にして表現することはどうも苦手です。その分を仲田が補足してくれています。

野球選手も、一社会人には違いなく、組織のなかで生きるという点においては、サラリーマンの方々と同じです。あるいは、チームの主力として、個と個の力を結集してチームとして機能させていくこと、それは家庭での心がけとまったく同じではないでしょうか。

野球という仕事から学んだ私なりの生き方を、本書では明かしていきたいと思います。

桧山進次郎

代打の哲学　目次

はじめに――僕にも野球の神様が微笑んでくれた　桧山進次郎　3

第1章　新人時代～四番打者になるまで

1　社会に出て大きな壁にぶち当たるのは、プロ野球選手も同じ　12
2　心技体のうち、〝体〟がまず大事　22
3　集中力が切れればすべてが停滞する　31
4　チャンスに力を発揮するには適度なリラックスを　41
5　年長者の意見に耳を傾ける　47

第2章　野球人生のターニングポイント

6　プロであるほど我慢が必要　58
7　苦しい時こそ、いつも通りで　66
8　不安は自己暗示で取り除く　74
9　中間管理職の立場で組織を作り上げていく　83
10　ひとりの〝全力〟がチームを変える　90

11　バランス力が導いたリーグ優勝　97

第3章　求められ続ける人になる

12　家族が育ててくれたこと　108
13　自己肯定すれば人とぶつからない　115
14　当たり前のことを、当たり前にやり続ける　122
15　出会いから学んだ〝人間力〟の大切さ　129
16　異業種交流で見つけること　136

第4章　代打の神様と呼ばれて

17　置かれた立場で必要なことを見極める　146
18　個人ではなく、チームの結果を　153
19　選手としての引き際　161
20　夢はまだ終わらない　168

おわりに――桧山進次郎はアスリートの鑑　仲田健　176

装幀　太田竜郎
写真　谷口　巧
構成　柳川悠二
ＤＴＰ　有限会社 中央制作社
協力　光安幸夫（ホリプロ・スポーツ文化部）
駒村壮一（ホリプロ出版プロジェクト）

第1章

新人時代~四番打者になるまで

1 社会に出て大きな壁にぶち当たるのは、プロ野球選手も同じ

一九九一年、東洋大学からドラフト四位で阪神タイガースに入団した桧山進次郎は、即戦力として期待されながら、一年目のシーズンはわずか七試合の出場に終わった。痛感したのは〝社会の壁〟。つまりアマチュアとプロとのレベルの差である。

桧山's HISTORY

京都の野球伝統校である平安高校（現・龍谷《りゅうこく》大学付属平安）を卒業したあと、私は東京の東洋大学に進学しました。平安高校では甲子園出場の夢こそ叶《かな》いませんでしたが、東洋大学の属する東都大学野球リーグで三度ベストナインを獲得し、全日本代表の一員として日米大学野球選手権にも出場した経験がありました。プロ野球でも「通用する」と信じて疑わず、「上位指名でなければプロに行かない」などと息巻いていました。ドラフト四位ではありましたが、喜び勇んでプロの世界に飛び込むと、すぐに学生野球とプロ野球との〝差〟を痛感したのです。

それは技術以上に、体力の差。まず、二月に行われる春季キャンプの練習についていくだけで精一杯でした。一日の練習が終わり、宿舎に帰ればすぐに床に就《つ》く。翌朝は体中の筋肉が張って、起き上がることすらできない。同じメニューをこなしている先輩たちは朝を迎えてもケロッとしている。それが不思議でなりませんでした。

キャンプ中にはこんなこともありました。全体練習が終わり、くたくたになった私がウエイトトレーニングルームの前を通ると、真弓明信さん（前阪神監督）がレッグエクステンションという、両足の力だけで重りを持ち上げる筋力トレーニングを行っていたのです。「お疲れ様です」と声をかけ、私は立ち去ろうとしたのですが、三十八歳と大ベテランながらも活躍を続けていた真弓さんが、いったいどんな練習を行っているのか気になってしかたがありません。そこで、真弓さんが練習を終えるのを待って、自分も同じ重量のレッグエクステンションに挑戦してみたのです。

「うそやろ⁉」

両足で重りを持ち上げようとしても、さっぱり動かない。「これがプロの肉体なのか」と思ったものです。二十二歳の肉体が三十八歳にまったくかなわない。にわかには信じられず、ショッキングな出来事でした。大学を卒業し、会社勤めをする人は、入社して必ず学生と社会人との間にある大きな壁を経験するものだと思います。それはプロ野球選手も同じだったのです。

以来、私は他の先輩選手たちがどんなトレーニングを行っているのか、観察するようになりました。とにかく早くレギュラーになりたかったので、打席に入った時のタイミングの取り方、取り組んでいる練習法……盗めるものがあれば盗んでやろうと思っていました。プロ野球選手となってまず模倣《もほう》すべきことが、真弓さんの筋力トレーニングでした。

一年目のシーズンは、即戦力として期待されて入団したにもかかわらず、一軍の試合にはわずか七試合しか出場できず、ヒットもたったの三本（打率一割七分六厘）に終わってしまいました。とにかく一年目のシーズンは技術や経験の差以上に、体力・筋力の差を痛感させられました。

それまで戦っていたアマチュア野球のシーズンはとても短いものです。特に大学野球は、基本的に春と秋に各二カ月間のリーグ戦があるだけ。それも週に二試合、もしくは三試合を戦うだけです。言ってしまえば、年間四カ月だけ、コンディションを整えていればいい。ところがプロ野球は週に六試合行われ、年間百四十四試合（当時は百三十試合）を戦い抜かなければなりません。そういったなかで新人である私は、練習や試合で結果を出し、首脳陣にアピールしなければならないのです。ところが練習についていくだけで精一杯で、いざ試合となると疲れ切ってしまう。それでは結果が残せるはずがありません。

プロ野球界は、シーズンを終えたあとに行われる十一月の秋季キャンプ終了時から二月のキャンプインまでがオフ期間です。でも私はそのオフ期間にトレーニングをする必要性を強く感じていました。二月のキャンプインまでに、身体《からだ》を一から鍛え直さないと、一年目と同じことを繰り返すと思ったのです。

デビューシーズンを終え、実家のある京都に戻った私は兄に相談しました。すると、京都市内で最も大きいスポーツジムを勧められ、通い始めることにしたのです。そこでトレーナーのアルバイトをしていたのが仲田健でした。

ウエイトトレーニングに無知だった私は、補助がなければトレーニングを行うことができません。ジムのスタッフにトレーニングの補助をお願いした際、彼が目の前に現れました。第一印象は、「でかいな！」。同い年という彼に私は興味を持ちました。

「何かスポーツをやってんの？」

「立命館（大学）の陸上部やねん」

「ふ〜ん。自宅はどこにあんの？」

「（京都の）北大路や」

　私は子供の頃からまったく人見知りすることはなかったので気軽に話しかけました。仲田は初対面から気の許せる人物でした。トレーニングに関する知識に乏《とぼ》しい私が、恐る恐るトレーニングをしていても、仲田が側にいてくれたらどこか安心感がある。何より、プロ野球選手である私より身体が大きく、すべてのトレーニングで私以上の重量を持ち上げるのです。身近にそういう人物がいれば、根っからの負けず嫌いである私には刺激にもなります。

　彼は野球選手である私のことを知りませんでした。活躍しているわけではないので当然といえば当然ですが、そもそも彼は野球にまったく興味がなかったようです。私のトレーニングをサポートしながら、「プロの野球選手の身体って、こんなもんか。たいしたことあらへんな」と思っていたのではないでしょうか。

　入団当初から、私には「できるだけ長くプロ野球選手を続けたい」という目標がありました。当時は三十代で辞めていく選手がほとんどでしたが、私は四十歳になって

も続けたかった。そういう思いを彼に告げると、

「オレはスポーツトレーナーになろうと思っている」

と言います。ならば私を足がかりに、彼もスポーツトレーナーを目指せばいい。ふたりの目的は合致し、プロ野球選手と専属トレーナーという立場でコンビを組むことに決めました。昭和の時代には、筋肉が硬くなるからといって、筋力トレーニングはある意味、タブーとされていました。けれど、アメリカのトレーニング理論が日本に伝わり、プロ野球界でもようやく器具を使ったトレーニングを行うようになってきたのが当時でした。

もちろん、プロ一年目の私には、仲田と契約するほど金銭的には余裕がない。当時は無償で、私のトレーニングのサポートをお願いしていました。お願いするといっても、仲田の都合を尊重しなければなりません。彼はアルバイトの身分。常にジムにいるわけではありませんし、勤務中も必ずウエイトトレーニングのフロアにいるわけではありません。時にはプールの監視員も務めなければいけないのです。そこで彼の都合に合わせてジムに行くようにしました。

以来、二〇一三年シーズンを最後に引退するまで二十二年間、コンビは続きました。

プロアスリートの最初の年から現役を引退する最後の年まで、ひとりのトレーナーが面倒を見るという例は他にないのではないでしょうか。

ふたりのトレーニングの成果は、翌年の春季キャンプで早々に現れました。

仲田's MEMORY

桧山がプロ一年目の一九九二年、私は、立命館大学経済学部の四年生で、モデルとして事務所に所属しながら、京都の大手スポーツジムでアルバイトもしていました。ファッション雑誌やＣＭの仕事によって、そこそこの稼ぎはあったのですが、そんな先行き不安定な仕事は学生の間だけと決めており、漠然とではあるものの、スポーツトレーナーになる夢を抱いていました。野球というスポーツ自体にはまったく興味はなかったのですが、近鉄ブレーブスに在籍していた野茂英雄さん（のちにロサンゼルス・ドジャース他に所属。現・野球解説者）が、コンディショニングコーチを務めていた立花龍司さんと二人三脚で肉体改造を行っている話を聞いて、そういう身体のケアやトレーニング指導を行うスポーツトレーナーの仕事に憧れていたのです。しかし、私はトレーナーになるために、何を勉強すればいいのかもわかっていませんでした。ですから就職活動を行い、大学卒業後は「リクルート」に就職することが決まっていたのです。

初めて桧山と会った日のことはよく覚えています。シーズンが終わった直後の十一月でした。いつものようにジムでアルバイトをしていると、「プロ野球選手が来ている」というスタッフの声が聞こえてきました。桧山進次郎という野球選手のことはまったく知りませんでしたし、身体つきを見ても、大学で陸上部に所属していた私のほうが一回り大きく、がっしりとしています。

第一印象は、「真面目な男」。私自身は人見知りをするタイプの人間ですが、きちんとした挨拶《あいさつ》を済ませたあと、気兼《きが》ねなく話しかけてくる桧山は好印象で、なんとなく波長が合いました。プロ野球選手だからといって、偉ぶるような素振りがまったくなく礼儀正しい。私も彼の名前を知らなかったからこそ、変な先入観は持ちませんでした。私は大学に入学するまで一年間浪人生活を送っていましたから、一足先に社会人となった彼とは同い年でした。

その日から、彼がジムにやってくると、可能な限り、私が補助につくようになりました。

ふたりの夢について語り合ったのも、わりと出会ってすぐでした。彼は、「できるだけ長く野球を続けたい」と言う。私は、「スポーツトレーナーになることを考えている」と伝えました。

ふたりの利害関係は、一致しました。彼はトレーニングを手助けしてくれる人を探していた。私は、将来、トレーナーとして活動するための勉強の機会を探していた。私はある意味桧山という、実技を勉強するための最高の教材を手に入れたのです。ですから、無報酬であっても喜んで彼のトレーニングを手伝うことができました。

まずはキャンプインの二月までの三カ月、彼にトレーニングの指導を行うことになりました。しかし、私には野球の経験がなく、野球に必要な筋力や動きについての知識も豊富ではなかったのです。不安はありましたが、当時の彼に必要なトレーニングは、専門的なものよりも、プロとしての〝土台〟を作るためのトレーニング。陸上部で自分が行っていたメニューを桧山に課すことから、ふたりの二人三脚のトレーニングは始まりました。

ところが、最初から壁にぶつかりました。想像していた以上に、桧山の筋力レベルが高くなかったのです。身長も体重もそれほど極端には違わないのに、単純に持ち上げられる重さが私に遠く及ばない。私も陸上の投擲《とうてき》種目をやっていましたので、それなりの自信はありましたが、彼はプロのアスリート。身体を資本にお金を稼ぐ選手なのですから、

「このくらいの筋力レベルで、本当にプロとしてやっていけるのかな」

それが私の本音でした。

桧山の話にもあるように、彼も当時はアマチュアとプロのレベルの差を痛感していたようです。しかし、トレーナーの卵である私の目から見ても、桧山の肉体はプロのアスリートのものではありませんでした。社会の壁を感じて当然でしょう。今後に不安を覚えましたが、その壁に突き当たった直後に見せた彼の社会人としての自覚、プロ野球選手としての自覚に、私は感心するばかりでした。彼の肉体はわずか短期間で、飛躍的に向上したのです。

2 心技体のうち、〝体〟がまず大事

学生気分が抜けないまま、社会人になる人は多いだろう。上司や先輩の仕事ぶりに、焦りが芽生えても仕方ないはずだ。せっかく入社しても、すぐに退職してしまう若者が多い昨今、自分の力量不足に直面した際、いかに先輩たちに追いつこうとするか。ただ同じ時間を過ごすだけでは、差はいっこうに縮まらない。桧山はまず肉体の〝土台作り〟から着手した。

桧山's HISTORY

仲田のトレーニング指導を受けるようになって三カ月。何も特別なことをトレーニングに取り入れたわけではありません。一般のジム会員の人でも行うような器具を使ったトレーニングに加え、腹筋や背筋、あるいは持久走といったごくごく基本的なものばかりです。しかし自己流でやるのと、トレーニング知識を豊富に持った人間の指導を受けながら行うのとでは肉体に現れる変化が大きく違

いました。

一日にだいたい二時間から三時間。私たちのトレーニングは短時間集中型でした。とにかくその時間に集中して、連続してメニューをこなしていきます。ふたりの雰囲気が殺気立っているため、ジムを訪れている一般の方からすれば異様な光景に映ったことでしょう。簡単に声をかけられる雰囲気ではなかったと思います。肉体を追い込み過ぎて、嘔吐《おうと》しそうになることもありました。

その頃のトレーニングは、下半身なら下半身、上半身なら上半身とその日のテーマを決め、二時間を使ってみっちりテーマの部位をいじめ抜いていくものでした。トレーニングを終え、自宅へ帰る途中で、コンビニエンスストアに寄って五百ミリリットルの牛乳を購入し、それにプロテインの粉末を入れて、あんパンや肉まんなどと一緒に胃に流し込みます。

そんな日々を重ねていると、みるみるうちに身体が大きくなっていきました。増えた体重は三キロほどですが、もともと太れない体質で痩《や》せていた私の身体は分厚くなり、以前なら持ち上げられなかった重量を持ち上げられるようになっていったのです。

そうして迎えた二月の安芸《あき》キャンプ。わずか一年前は練習をやり遂《と》げるだけで精一

杯だったのに、一日を終えてもケロッとしており、夜間の個人練習も積めるようにな
っていました。
二年目のシーズン（一九九三年）は、前年より二十六試合多い三十三試合に出場。
打率一割六分二厘ながら、プロ入り初ホームランも記録しました。それでも多くの時
間を二軍で過ごしましたし、決して満足のいく数字が残せたわけではありません。し
かし、一年目にはない充実感がありました。プロで戦えている——そういう実感があ
ったのです。
シーズンを終えた十月、私はアメリカ・フロリダ州で行われるウインターリーグに
派遣され、帰国後には高知県・安芸で行われるタイガースの秋季キャンプに参加しま
した。しかしそこでヒザにケガを負ってしまい、帰阪を余儀《よぎ》なくされたのです。実は、
これが私にとっては幸いしたように思います。関西に戻った私は、治療と同時に、仲
田とのトレーニングに多くの時間を割くことができたからです。実戦経験を積んで技
術を磨くより、この頃はまだまだ体力アップに努めるべき時期でした。
二年目のオフに、私は自宅とは別にワンルームの部屋を借りることに決めました。
それはトレーニングを行うためだけの部屋です。仲田に中古の器具を紹介してもらっ

て購入し、搬入しました。私は結果を残せていない若手の選手で、年俸もたいして多くはありませんでしたが、自分への〝先行投資〟と腹をくくりました。その結果、よりトレーニングに時間を割けるようになったのです。ある時はエアロバイクを漕いでいて、熱が入り過ぎて過呼吸を起こしてしまったこともありました。体内の酸素が足りなくなってしまったのです。それでも三十分だけ休憩して再びトレーニングを再開する。そのうちに、より充実したトレーニングを行えるようになっていきました。

その頃の仲田は、大学を卒業してサラリーマンとなっていましたが、会社帰りや週末にトレーニングルームに寄ってくれていました。けれど、まだまだ私は、彼に契約金を支払うことができずにいたのです。

「ごめんな、健ちゃん。試合で活躍して、年俸《ねんぽう》が三千万円ぐらいに上がったら、ちゃんと専属契約料を支払うからな」

「ええねん。オレも勉強させてもらっているんやし、給料は支払えるようになった時でええんやから」

そういえば、私が一軍の試合に出場し始めた頃、ライトを守っていると甲子園球場のオーロラビジョンに、プロレスラーの髙田延彦さんと仲田が出演していたチオビタドリンクのＣＭが流れたことがありました。彼の活躍を眺めながら、「オレもがんばらなあかん」と思ったものです。

仲田と一緒にトレーニングを行うようになって二年――三年目のシーズンを迎える頃には、プロ野球選手としての〝土台〟ができあがりました。

〝心技体〟という言葉があります。〝精神（mental）〟と〝技術（technique）〟と〝身体（physical）〟の三つがそろってこそ、自分の持っている力を存分に発揮できる、というような意味の言葉と私は受け止めています。しかし、私は、その三つのなかで最も大事で、まず培うべきものは身体だと思っています。順番で言えば〝体技心〟です。戦える身体を作り上げてこそ、技と心が伴ってくるのだと実感していました。

筋力や持久力がなければ技術を磨くことはできませんし、コンディションが整っていない状態で心が整うはずがありません。

身体を動かすことが仕事のアスリートは当然として、サラリーマンの方も同じではないでしょうか。たとえば風邪を引いてしまったり、二日酔いで体調がすぐれない時は、よい仕事はできないでしょうし、よい結果も生まれるはずがありません。

入団当時、身長百七十七センチ、七十二キロぐらいだった私は、プロ野球選手として恵まれた体格とは言えません。そもそも、私は入団時、ガリガリに痩せていました。そういう未熟な肉体が仲田とのトレーニングの結果、三年目の一九九四年シーズンを迎える頃には、八十キロぐらいのビルドアップされた肉体に変貌したのです。練習にも問題なくついていくことができ、仲田への信頼度はより高まっていきました。

仲田's MEMORY

当時、アスリートへの指導に特化した「スポーツトレーナー」という職業はまだまだ一般的ではなく、ジム勤務の人も含めて「インストラクター」という呼称で通っていました。そんなふうに私が目指す職業は、呼び方ですらファジーな時代でしたから、桧山とのトレーニングもすべてが手探りの状態でスタートしたのです。

開始するにあたり、私は彼に「まず土台作りから始めよう」と提案しました。前項で書いた通り、彼の身体はまだプロのレベルと呼べる状態になかったのです。

ですからスポーツトレーナーとしての心得がまだまだだった私でも、トレーニングメニューの作成に悩むことはありませんでした。基礎体力をつけるのに特別なトレーニングをする必要はなく、立命館大学陸上部で自分が行っていたスクワットやベンチプレス、腹筋・背筋といった基本的なトレーニングを中心にやるだけで十分だったのです。桧山は私の作成したメニューに文句ひとつ言わず、取り組んでくれました。

聞いてみると、一年目のキャンプでは全体練習が終わるとガラガラ声になり、疲労困憊《こんぱい》してしまったと言います。桧山はその反省から、二年目のキャンプに向け「しっかり乗り切れる体力をつけたい」と話していました。体力的に未熟で、バッティングや守備の技術も一流選手のレベルにはほど遠い。一流のプロ選手はキャッチボールひとつとっても、スピードだけでなく回転数も違っていて、グラブに収まった時の音がまるでアマチュアとは違っていたそうです。

そこで私は、「技術面ではいきなり一流のプロレベルに近づくことはできないかもしれないけれど、体力的な問題に関しては、トレーニングによって即効的にプロのレベルに近づくことができるだろう」という意見を伝えました。

実際、わずか三カ月のトレーニングながら、大きな効果が得られたのです。ジムに来た当時の桧山は、スクワットで言うなら、百五十キロの負荷しか挙げられなかったのが、三カ月後には二百キロ以上挙げられるようになっていました。短期間でこれほどの進化を遂げてくれれば、トレーナー冥利《みょうり》に尽きますし、お互いにさらなるやる気も生まれるというものです。

二年目のキャンプ初日、桧山も自分の肉体の変化に驚いたそうです。全体練習を終えても疲れがないし、居残り練習も可能なくらい、体力に余裕がある状態になっていたのですから。そこで改めてトレーニングの効果と重要性に気付いたのではないでしょうか。

九三年に私がリクルートに就職してからも、二年目のシーズンに入った桧山とのトレーニングは継続しました。幸いだったのは、私の勤務地が大阪の梅田だったことです。梅田から甲子園までは阪神電車で二十分程度ですし、桧山の自宅にも三十〜四十分程度で到着します。シーズン中は仕事が終わったあとにナイター帰りの桧山とトレーニングし、私の仕事が休日の時には、桧山のスケジュールに合わせてトレーニングを行っていきました。

その頃は、就業後の時間をほぼ桧山のトレーニングにあてていましたが、まだそこで報酬は発生していませんでした。けれど、そのことに関し、私は何も不満はなかったのです。桧山進次郎というトップアスリートの身体を使って、トレーナーになるための貴重な経験をさせてもらっていたのですから。

ふたりでメニューを考えている時に、桧山の口から一流選手が取り組んでいたというトレーニングの内容を聞かされれば自分の知識を増やすことになりますし、阪神でやっているトレーニングを聞いて、「それなら補足的にこんなトレーニングもやってみよう」といろいろ試行することもできます。机上の勉強では得難い経験がたくさんできたのです。

結局、リクルートは一年で退職してしまいました。わずか一年で辞めるのならば何かしら足跡を残さなければいけない――そう思った私は、一年の在籍期間中に、関西地区でナンバーワンの営業マンになりました。それで思い残すことなく、転職を決断できたのです。

安定した仕事を辞めて、まだまだ不安定なトレーナーという職業を選んだわけですが、将来を不安に思うことは一度もありませんでした。むしろ、自らを追い込むことで、より本気で夢の実現に取り組めるのではないか――自分自身に大きな期待を抱いていました。

3 集中力が切れればすべてが停滞する

新人時代はがむしゃらに仕事に取り組んでいれば、先輩がフォローしてくれることもあるだろう。しかし社会に飛び込んで三年目ともなれば、新人とは見なされず、ひたすら結果を求められるようになっていく。桧山は一軍と二軍を行ったり来たりしながら焦りのような感情も芽生えていた。それを振り払うのは「誰にも負けていない」というトレーニングだった。そんな自己研鑽《けんさん》をしなければならない時期に、二人三脚で歩んでくれる仲間がいたことは、目標達成の大きな支えになった。

桧山's HISTORY

土台作りの時期が終わり、トレーニングの内容も、より野球の動きに活かせるメニューが増えていきました。野球については知識のない仲田でしたが、私が野球の動きを説明すると、その動きに適したトレーニングを提案してくれるのです。

「スローイングって、こういう肩関節の動きをするねん。なんかいいトレーニングないかな」

「じゃあ、肩の柔軟性を高めるトレーニングからやってみよか。ストレッチも忘れたらあかんよ」

ふたりで器具を使ったトレーニングをしていて、私がへこたれそうになると、仲田が励ましてくれます。

「進ちゃんならいける。もうちょっと重りを増やしても大丈夫やで」

「もう勘弁してや、健ちゃん……」

トレーニングというのは、闇雲《やみくも》にやり過ぎると逆効果になり、無理をすれば、ケガにも繋《つな》がります。だからといって、ラクにこなせるトレーニングしか行わないのであれば、効果は期待できません。その境界線まで追い込んでくれるのがトレーナーです。

仲田は、どちらかと言うとやり過ぎるきらいのある私のコンディションに目を配り、疲れが明らかであればメニューを減らしてもくれます。

「無理したらあかん。今日はこれぐらいにしとこ」

「そやな、今日はしんどいな。やめとこ」

そう言って、トレーニングを打ち切ることもありました。

仲田の指導は、「このトレーニングをしなさい」というような強制的なものではなく、「こういうトレーニングをやってみよう」と、私に必要と思われるトレーニングを提案する形でした。ですから、ふたりがぶつかることはありません。それは二十二年間、一貫したことでした。

彼自身も見えないところで、野球に必要なトレーニングを研究してくれていたのだと思います。彼の努力に報いるためにも、あとは私が結果を出すだけ、でした。

この頃には、実際に打席に入っても、〝変化〟は感じ取れました。単純に打球の飛距離が伸びたのです。ピッチャーにタイミングを外され、コツンと当てただけの打球でも、以前なら凡フライになっていたところがヒットゾーンに落ちるようになりました。リスト（手首）の筋力が増したのは当然として、身体の芯に力が芽生えたからでしょう。

しかし、いくら身体が大きくなったからといって、一流のプロ野球選手にはほど遠く、仲田との二人三脚も三年目にさしかかりましたが、一九九四年シーズンも相変わらず一軍と二軍を行ったり来たりする、エレベーターボーイであることに変わりはありませんでした。一軍の試合に出場しても途中出場ばかり。それでもふたりは、ふてくされることなく、いつかチャンスは訪れると信じて疑いませんでした。集中力を切らしてしまえば、すべてが停滞してしまうのです。

私はトレーニングを積むことによって、我慢強くもなっていました。トレーニングをしながら、

「オレならできる。オレならできる」

そうつぶやいて、自分自身に暗示をかけていました。すると、なんとなく自分でもやれそうな気持ちになってくる。私は身になるのなら何でも取り入れようとしており、自己啓発書のようなものまで読んでいました。

体力がつき、練習に問題なくついていけるようになると、何をやってもバテることがなくなり、試合の時に余力を残した状態で、より集中して打席に入ることができるようになっていました。加えて、誰よりも早く球場に入ってマシン相手にバッティング練習を行ったり、試合後にも再度行うなど、プラスアルファの練習も可能となっていました。

球団が行う体力測定でも、トレーニング効果は如実《にょじつ》に表れ、あらゆる測定で私は一

番の数値を記録するようになっていました。それもある意味、当たり前かなと思えたほど、この頃の私は誰よりも自分の身体と向き合い、鍛え上げているという自負がありました。球場でみなと同じことをやっているだけでは、いつまで経っても先輩方に追いつけるはずがない――それは社会人でも同じでしょう。職場以外の場所での心がけが、職場での〝差〟を生み出していくと思います。

試合で結果は残せていなくとも、自分のなかに確かな手応えを感じていました。

仲田's MEMORY

トレーニングに取り組む桧山に感心するのは、「とりあえず、やってみよう」という精神が息づいていることです。私の提案に首を横に振ることがないのはもちろん、効果のありそうなトレーニングに対する探究心を常に持っています。

「ちょっと変化球に体勢を崩されるんやけど、それを防ぐようなトレーニングってないかな」

「じゃあ、ボディバランスをよくするトレーニングをやってみようか。変化球への対応だけじゃなく、必ず守備にも活きてくるはずやから」

あるいは、

「ボールを投げた時に肩に痛みが出るんやけど、これ何が原因やと思う？」

「それはたぶん、投げる時の腕の角度が悪いんやと思うよ」

こんな会話を繰り返しながら、メニューを作成していきます。桧山が今取り組んでいる課題を私に提示し、その課題を克服するために必要なことを私が提案していくのです。私は野球の素人。私からバッティングのためにはこんなトレーニングをしようといった提案をすることはありませんでした。

そうして決まったメニューのトレーニング中、私は桧山の競争心をあおります。たとえば、ベンチプレスをやっていると、彼にこんなことを囁《ささや》くのです。

「進ちゃん、そんな重さも挙げられへんの？　オレやったらこれぐらい簡単やで」

「なんでやねん、持ち上げられるわ、こんなん！」

桧山はプロのアスリートですが、筋力や柔軟性、俊敏性といった基礎運動能力は、当時から今にいたるまで私のほうが圧倒的に勝っています。でも、彼はプロで私は素人。彼にとって困難な重量を私がいとも簡単に持ち上げれば、負けず嫌いの彼の自尊心に火が点《っ》きます。同い年の私に負けていたら、なにくそと思わずにはいられないタイプの人間なのです。

一方で桧山は、私から「ストップ」と言わないと、延々とトレーニングをし続けることがありました。基本的に、中途半端な量のトレーニングでは大きな効果は期待できませんが、やり過ぎもまた、故障の危険性が増したり、疲労が取れにくいなどの弊害があるものです。〝クソ〟がつくほどの真面目人間である桧山は、一軍と二軍を行ったり来たりしていたエレベーターボーイ時代から、自分自身が納得できるまでトレーニングを続けていました。

「いいか進ちゃん。休むことも大事やで」

「まだ納得ができひん。もうちょっとやってええやろ?」

「ダメや。故障したら野球ができなくなるで」

そうやって休息を取らせた数日後、二軍の試合で猛打賞を記録した日がありました。

「健ちゃんの言う通り休んでよかったわ。休むことで、パフォーマンスを高めることもあるんやな」

「やっとわかってくれたんかいな。何でもやり過ぎはよくないねん」

プロ入り三年目に差しかかった頃には、ふたりのトレーニングは、間借りしていた京都のジムではなく、桧山個人のトレーニングルームで行うようになっていました。周囲の視線や、時間にとらわれずに済むようになったことで、より集中したトレーニングが行えるようになったのです。

スポーツトレーナーという仕事は、プロアスリートのパフォーマンスに直接繋がる役割を担っていますが、だからといって私は、桧山が一軍の試合に出場するようになっても、「自分のおかげだ」と思ったことは、一度もありませんでした。あくまで野球の成績は、桧山の努力の結果に過ぎません。トレーナーの影響力を過信したら、アスリートとの信頼関係は崩れてしまいます。

一方で、桧山が一軍で結果を残せず、再び二軍に落とされることがあれば、私も共に悔しい思いをしますし、焦りも芽生えます。

「選手が成功するのは選手の努力。失敗したら自分の責任」

そう肝に銘じて、私はスポーツトレーナーを志してきました。

もうひとつ、私が肝に銘じていることはアスリートに対して「トレーニングを押しつけないこと」です。アスリートと相談し、そのアスリートにとって最も必要だと思われるトレーニングを相談しながら決めていきます。また、必要なら栄養のある食事の摂取法やメンタリティについてもアドバイスします。

両者が話し合い、双方納得のうえでトレーニングや生活の改善を行っていくことで、トレーナー側からの一方通行の訓練ではなくなり、アスリートも自己責任を負うことになります。トレーニングは基本的に、地道な運動の繰り返しで、楽しいものではありません。選手も時には〝放棄〟したくなることもあります。しかし、両者が必要と思ったからこそ開始したトレーニングを「やりたくない」と言い出すのは、いわば契約違反のようなもので、アスリートのわがままを許すわけにはいきません。トレーニングを怠《おこた》るアスリートに対して、私は「自分でやると言ったんだから、最後までやり通しなさい」と厳しく伝えます。

アスリートは、トレーニングの必要性を感じるからこそ、私のようなトレーナーを雇うはずです。トレーナーが雇われの身だからといって、「トレーニングをやりたくない」という選手の言い分をそのまま聞いていたら、その選手のためには絶対にならないのです。

もちろん、疲労が蓄積していたり、ケガをしていたら、私も無理強いはしません。

選手の状態を見ながら、疲れていると思えばトレーニング量を減らしますし、まだまだできるはずなのに、トレーニングをやめようとするアスリートに向かっては強く要求することもあります。

トレーニングの成果によって成績に変化が表れれば、選手もトレーナーへの信頼を深め、納得して次のステップに進むことができるものです。しかしスポーツの世界では、結果がすぐに表れないことも多々あります。そういう時に選手は、不調の理由を自分以外のところに求め、トレーナーのせいにしてしまうことも、残念ながらあるのです。

野球というスポーツも、トレーニングの効果が、なかなか表れにくいように思われます。筋力トレーニングによって、打球の飛距離は比較的すぐに伸びるかもしれませんが、いきなり三割打てるようになることはまずありません。

そういうトレーナーとしての考え方に誰よりも理解を示し、私のメニューに純粋に従ってくれたのが桧山でした。

4 チャンスに力を発揮するには適度なリラックスを

突然、訪れるチャンスをものにできるかどうかも、成功する条件のひとつだろう。せっかくのチャンスに過度に緊張してしまい、力を発揮できなければ元も子もない。大事な局面で能力を存分に発揮するためには、「身体がリラックス状態にあること」が大事だと桧山は言う。大なり小なりチャンスをものにしていくことで、桧山は首脳陣の信頼を勝ち取っていった。

桧山's HISTORY

一九九五年シーズンは、指揮を執《と》っていた中村勝広監督（現阪神GM）が途中休養されることになり、オールスター明けの試合から、藤田平《たいら》さんが監督代行を務められることとなりました。

その藤田監督から、私は四番に抜擢《ばってき》されました。当時、どうすればレギュラーの座を勝ち取れるかということばかり考えていた私にとって、いきなり伝統あるタイガースの四番を任されたことは、青天の霹靂《へきれき》でした。

「オレが四番なの⁉」

四番とは、チームの顔であり、攻撃のすべての責任を負うような打順だと私は考えていました。だからこそ、自分にその任務が務まるか不安に思ったのですが、「四番目の選手だと思え」とアドバイスしてくださった方がいて、即座に気が楽になりました。それに何よりも、ようやく訪れたチャンスを絶対に逃したくない。そう思ったら逆に緊張することもなく、打席に入っていくことができました。

当時、私は力があり余っていました。たとえるなら、入団間もない頃は十ある力を十使おうとしていたわけですが、トレーニングの結果、リラックスした七、八割の状態で、十の力を発揮できるようになっていました。これは大きな違いです。

がむしゃらに十の力を出そうとしていた頃は、打席に入ってもとにかく必死です。ピッチャー心理や、相手野手の守備位置などに気を配ることができず、自分のバッティングのことばかり考えていました。ところが身体がリラックス状態にあれば、視野が広がり、相手の守備位置を考慮したバッティングができたり、難しいボールも捌《さば》けたりする可能性が高まっていきます。

それは守備でも同じです。七割の力でプレーすることによって、ボールが飛んできてライトポジションから素早くスローイングしなければならない時にも、瞬発力を発揮することができる。誤解してほしくないのは、七割の力でプレーするというのは、「力を抜く」「手を抜く」といったことではないということです。常に全力プレーを心がけるのは当然ですが、全力のなかにあっても、どこか心身に余裕を持たせることで、集中力が増すのです。

トレーニングはがむしゃらに、試合中はリラックス。これは大事なことです。二〇一三年シーズンに二十四連勝した楽天イーグルスの田中将大《まさひろ》投手はこれを極めていたように思います。ランナーがいなければ力を抜いてコントロール重視のピッチングを心がけ、ランナーを背負ったらギアを入れ替え、相手をねじ伏せていく。結局、それが疲労を軽減することにも繋がり、シーズンを通して力を発揮できたのだと思います。田中投手も十の力を出し切っての全力投球の経験を積み重ねてこそ、こういったプレーができるようになったのではないでしょうか。二十四連勝という数字は、運だけで導けるものではなく、体力や技術が兼ね備わって出たものだと思うのです。

会社員の方でも、緊張する場面は日々あるでしょう。大事なプレゼンテーションで、前日までに練り上げた構想通りの発表ができず、失敗してしまうことがあるかもしれません。適度な緊張は必要だと思いますが、過緊張状態で、自信なさげな表情で発表しては相手に不安感を抱かせてしまうのではないでしょうか。

大事な場面で力を発揮するために必要なのは、日常から視野を広く持ち、いろいろなことに気を配ることだと思います。たとえば同僚と昼食を食べている際、同僚のコップが空になっていたら水を注いであげる。職場の全体を見渡し、困っている人がいれば声をかけてみる——そういったささやかな心がけが、大事な場面における心の余裕に繋がるのではないかと思っています。

当時の私は、〝体技心〟の体の土台ができあがり、技と心が少しずつ伴うようになっていました。四年目となる九五年シーズンに一軍に定着すると、翌九六年には二十二本塁打をマークし、プロ五年目にして、四番に定着することができたのです。

仲田's MEMORY

私は桧山から、ポジションを争うライバル選手や自分を起用しない首脳陣への悪口や批判を一度も聞いたことがありません。

一軍に定着していないのだから、他の選手を押しのけてでも一軍にいたいと思うはずですし、二軍に落とされることがあれば「起用法を間違っている」と首脳陣への不満を漏《も》らしたくなるのが、勝負の世界に生きる者の性《さが》ではないでしょうか。

しかし、彼は絶対に人の悪口を言わないのです。むしろ、私などが誰かの陰口でもたたいていると「それは口にしたらあかん」と注意するぐらいの好漢です。また、目標にする選手、憧れの選手、自分がかなわないなと思う選手……そういった他の選手たちの批評もしません。

一軍と二軍を行ったり来たりしていれば、球団関係者ではない私の前でくらい愚痴《ぐち》をこぼしてもおかしくなさそうですが、そういったことは、彼は一切しませんでした。どんな時も、ただひたすら、黙々とトレーニングを続けるだけ。そういう努力が実ったのが、四年目のシーズンでした。彼がいきなり四番に抜擢された時は、私も驚いたものです。そして、伝統ある阪神の四番打者という立場でも天狗《てんぐ》になることはなく、謙虚な気持ちで毎日の打席に向かっていきました。

この頃の桧山は、プロ野球選手としてようやく自信が備わってきていたように思います。それは身体の土台作りがうまくいき、より試合に集中できる環境が整ったからではないでしょうか。

桧山というアスリートの特徴は、とにかくバランスがよいことです。身体の筋力が全体的に整っていて、俊敏性もある。器用な選手とも換言できるかもしれません。

小学校のクラスなどで、何をやらせても上手な子供がいたと思いますが、桧山は野球界でまさにそういうタイプの選手だと思います。誰よりも力が強いというわけではないものの、そこそこのパワーを持っている。足が速いほうではあるけれど、一番速いわけではない。器用に、何でもそつなくこなすオールラウンダータイプの選手と言えるでしょう。

他のスポーツ選手にたとえるなら、私がのちに指導したプロゴルファーの石川遼選手に近いように思います。彼も桧山同様、卓球やサッカーをやらせても、それなりの運動能力を発揮していました。そういう選手というのは、コンディションやパフォーマンスを発揮するにも波が少なく、安定して成績を残せるような気がします。

そして、そういう選手は、何かひとつきっかけがあれば、大きく花開く可能性を秘めているものなのです。

5 年長者の意見に耳を傾ける

どんな職場であれ、年長者の小言は聞きたくないものだ。「オレが若い頃はな……」とくどくど話す上司もなかにはいるだろう。しかし桧山は球界の先輩たちの言葉に耳を傾けた。先人の言葉に、自身を成功に導くヒントが隠されているはずと考えたからだ。同時に、支えてくれる家族や仲間への感謝の気持ちも忘れなかった。

桧山's HISTORY

三年目までのシーズンが〝土台作り〟だとしたら、四年目以降の仲田とのトレーニングは、いわば野球選手としての〝飛躍〟を目指したものです。といっても、「三割を打ちたい」とか「ホームランを三十本打ちたい」というような、具体的・数値的な目標を目指して行うものではありませんでした。

あまりにトレーニングの目的が具体的過ぎると、それに特化するトレーニングばかりになってしまいます。プロ野球選手としては、三割は打ちたいですし、三十本塁打も記録したい。盗塁もできることならたくさんしたい。しかし、そういった数字は長期間にわたっての努力（トレーニング）の積み重ねによって生まれ得るものです。二割の打率だった選手がわずか数日で三割打者になることは絶対にありませんし、いきなり何十本もホームランが打てるようになるわけでもないのですから。

そういった目標には、仲田とのトレーニングを積み重ねた先、いつか到達するものと考えていました。だから、あえて短期的な目標は設定せず、せいぜい「今年一年は脚力を重点的に鍛える」といったテーマを掲げるぐらいにとどめていたのです。

これはちょうど、四年目のシーズンの自主トレの時期に交わした会話です。

「今年は脚力を鍛えようと思ってんねん。もうちょっと全体的にスピードアップせなあかんと思っている」

「それじゃあ、自主トレではダッシュの量を増やしていこうか」

さらに、会話は具体的なトレーニングの内容に向かいます。

「野球の走塁では、いつも左回りの動きになるんだよね」

「左回りのベースランニングをやり過ぎたら、どうしても筋肉バランスが悪くなる。時には逆回りのベースランニングを取り入れるといいんちゃうかな」

野球選手としての意見や要望を言うと、仲田からは即座にトレーナーとしての見解や提案が返ってくる。そうやってメニューを決めていくのです。器具を使ったトレーニングや、グラウンド内で行う走力のトレーニングだけでなく、時にはふたりでスカッシュなど、他のスポーツをやることで脚力を鍛えていきました。当時はふたりとも若く、トレーニングのつもりでスカッシュをやっていると、お互いに負けず嫌いなので、意地の張り合いになる。つい熱が入り過ぎてしまって、私が捻挫《ねんざ》をしてしまったこともありました。野球選手としての自覚に欠ける失敗かもしれません。しかし失敗を重ねることで己を知ることができるというものです。

脚力を鍛えるのは、何も盗塁数を増やすためだけではありません。足腰はスポーツ選手にとって何より大事ですし、脚力が高まれば守備範囲も広がっていきます。トレーニングの目的はあくまでプロ野球選手・桧山進次郎の全体的なレベルアップのためなのです。

仲田に専属契約料を支払えるようになったのは、一軍に定着した一九九五年シーズンからでした。

「オレもようやく健ちゃんに契約金を支払えるようになったわ」

「ありがとうな。ここまでは順調かもしれんけど、これからレギュラーに定着していかなあかんよね」

そんな会話をしたことを覚えています。今でこそ多くの選手が個人トレーナーと契約をしていますが、当時は工藤公康《きみやす》さんぐらいのものではなかったでしょうか。

この頃くらいからでしょうか、私は少しずつ先輩たちの声に耳を傾けるよう、心がけ始めました。食事に誘われることを面倒に思う若手選手も多いですし、私も入団間もない頃は、先輩に食事に誘われると、とても気を遣《つか》ったものです。

しかし、先輩の言葉には、成長へのヒントが隠されている。ある方からこんなことを言われました。

「昔はな、たくさん素振りをしたもんや。今の若いもんは、マシン相手に打つばかりやろ。それだけではスイングが速くはならへん。ええか、桧山。素振りはせなあかんぞ」

確かに、素振りの量は私も減っていました。マシンを相手にする練習にも利点はあるのですが、その先輩の意見に頷《うなず》く部分も多くあったのです。

大事なことは、頭を柔軟にすることだと思います。人生の先輩の意見に耳を傾け、一度はチャレンジしてみる。それで「なるほど」と思えるものは継続すればいいし、自分には合わないなと思ったらやめればいい。〝自分のやり方を貫く〟ことばかりに固執《こしつ》していたら、新たな発見はないのですから。

私は、成長する方法に正解はないと思っています。あらゆるものにチャレンジしてみて、取捨選択し、自分の身になりそうなものは継続していけばいいのではないでしょうか。

会社などでは、上司の意見を煙《けむ》たがり、ちょっとした壁にぶち当たると社風などが自分に合わないと判断し、簡単に辞めていく若手社員が多いと聞きます。けれど柔軟性があれば、壁を乗り越えるのに必要な時間も短くなるはずです。柔軟性のある人は、壁にぶち当たった時に自分の考えに固執せず、いろんな方法を試せるからだと思います。「合わないからやめよう」という発想ではなく、「とにかく一回やってみようか」という姿勢でいる人は、どんな世界でも結果を出しやすい人だと私は思っています。

私も上司（監督）の期待に応えられず、試合に出場できない時期を経験しました。その時期に、私は周りの人々の意見（アドバイス）に耳を傾け、〝自分流〟を脱して堪《た》え忍ぶことを学んだのです。

仲田's MEMORY

彼は目上の人に対する尊敬の念を忘れず、常に親兄姉《きょうだい》を大切にする姿勢を持っています。シーズン中のどんなに忙しい大変な時期でも、合間を縫って、家族の行事に参加していました。

常に年長者を敬う桧山の姿勢は、彼のお父さんの教えでもあるようです。それを忠実に守っているからこそ、普通は煙たがる先輩選手の話にも、積極的に耳を傾けていたのではないでしょうか。

また桧山は、一度信用した人間は、その後、何があっても疑わないのです。彼が独身時代に、銀行での振り込みを頼まれたことがあったのですが、なんと彼は私にキャッシュカードを預け「暗証番号は○△□☆だから」と言うのです。もし私が悪者ならば、いくらでもお金を引き出すことは可能だというのに……。もちろんそれは、私に対する信頼の証でもあり、笑い話になっているのですが、いくらなんでも不用心ではないかと思ったものです。

プロ野球選手である桧山には、いろんな人が近寄ってくるはずです。その出会いのなかには、話を聞いているだけで「その人、本当に大丈夫なん？」と聞かずにはいられない人とのエピソードもありました。

伝統ある阪神の一員として、真摯《しんし》に野球というスポーツと向き合ってきた桧山ですが、私生活ではどこか天然ボケのところがあって、抜けている。そのギャップが、桧山の魅力でもあるのです。

話を当時のトレーニングに戻します。

ふたりでスカッシュをやっている最中、桧山が捻挫してしまったことはトレーナーである私の大失態でした。私も負けず嫌いですから、スカッシュの勝負に熱が入り過ぎ、つい桧山に無理をさせてしまったのです。

シーズンを控えた桧山にとっては一大事だったはずですが、そんな時も彼は明るく振る舞ってくれました。

「進ちゃんごめん……」

「ええねん。ふたりでやろうって決めたことやから」

「それはそやけど……トレーナーとしては早くケガを治して、なんとしてでもキャンプインには間に合わせるから」

「うん、そやな」

土台作りの時期が終わり、トレーニングの内容も大きく変化していました。それまで行ってきた基礎体力をつけるトレーニングに加え、鍛えた個々の筋力を機能的に動かせるような運動がメニューに加わっていきました。一瞬に最大の力を発揮できるようなプライオメトリクスのトレーニングや、スプリント能力を高めていくトレーニングなどです。プライオメトリクスは、打撃における一瞬の爆発力に繋がりますし、スプリント能力を高めれば、盗塁の成功率が自然と高まります。足が速くなれば、当然それだけ守備範囲も広がっていくのです。

四年目のシーズンを迎えるにあたり、桧山と私の二人三脚も、第二段階に突入したと言えるでしょう。

トレーナーである私に対して専属契約料を支払ってくれるようになったのも、その頃です。当時、野球選手がトレーナーと専属契約するようなことは珍しく、マスコミに発表すると翌日の関西スポーツ紙は一面でふたりを紹介してくれました。さすがは関西で絶大な人気を誇る阪神のスター選手だなと思ったものです。

ちなみに私の契約料は変動制でした。桧山の年俸によって、私の報酬も変動するのです。桧山の年俸が跳《は》ね上がった時には多くの金額をいただきましたし、年俸が下がった時には「ごめんな健ちゃん。年俸が下がったから、給料を下げてもいいかな」と率直に相談されました。その金額に関して、私から注文をつけたことはありません。

プロのスポーツ選手は結果がすべて。結果を残せなければ年俸が下がるのは当然です。それは一緒に戦っている私も同じなのです。少なくとも、桧山が試合で結果を残せなければ、その責任の一端は私にもあるわけですから。

そもそも私は桧山とビジネスライクにつき合ってきたわけではありませんでした。桧山はスポーツトレーナーになる夢を持っていた私の背を押し、勉強の場を与えてくれた人物です。桧山がいなければ、スポーツトレーナー・仲田健はいなかった。ですから、桧山はビジネスパートナーとは違いますし、友達という感じでもない。私個人が抱く感情としては、常に切磋《せっさ》琢磨《たくま》し合う〝ライバル〟に近い存在かもしれません。

当時からトレーナーとして桧山を支え、引退まで見届けることが私の使命のように思っていました。ビジネスライクにつき合っていたら、二十二年間も彼のトレーナーを務めることはできなかったでしょう。

契約を結んでもふたりの関係に変化はありませんでしたが、私の仕事環境には大きな変化がありました。九五年からは、桧山の専属トレーナーを務める傍《かたわ》ら、母校である立命館大学のアメリカンフットボール部のトレーナーも担当するようになったのです。スポーツトレーナーを志して約六年。ようやく仕事に広がりが出てきました。

といっても、桧山の専属トレーナーという仕事が中心であることに変わりはありません。

第2章 野球人生のターニングポイント

6 プロであるほど我慢が必要

一九九〇年代後半の阪神は、成績が低迷する暗黒の時代だった。四番を務めていた桧山には、熱烈なトラ党から容赦《ようしゃ》ないヤジが飛んだ。つい耳をふさぎたくなることもあったが、それも〝我慢の練習〟と桧山は受け止めた。社会においても、周囲の視線や評価を気にすれば悪循環に陥る。時には開き直りも重要だ。

桧山's HISTORY

阪神は、私が四番を務めた前後の時代、長く低迷していました。一九八五年以来、セ・リーグ制覇から遠ざかり、Bクラスが定位置となっていたのです。毎年、シーズン序盤は捲土重来《けんどちょうらい》を期しますが、中盤以降、優勝の望みが絶たれると、完全に沈滞ムード。選手たちも負けることに慣れてしまっているのか、先制点を奪われただけで、「もうだめだ」と逆転への望みを失ってしまうような状況でした。

チームの低迷期は、やはり私自身も悩みが多い時期でした。どうやったら結果を残せるのか。自分が何をやったらチームの勝利に貢献できるのか。そして、悲願のリーグ制覇には何が必要なのか——そればかりを考えていました。

ナイターが終わるとひとりだけ残って、マシンを相手に打ち続ける。自宅に帰っても夜中まで素振りをしていました。もちろん、仲田とのトレーニングにも力が入りました。

仲田はこの頃、立命館大学のアメリカンフットボール部の専属トレーナーも担当しており、彼らを日本一に導くなど少しずつスポーツトレーナーの世界で実績を積み上げていきました。野球選手以外のスポーツ選手を指導することによって、トレーナーとしての視野や見解が広がり、それを私にフィードバックしてくれるような関係が築けていったのです。

当時はよく、仲田にこんな話をしたことを覚えています。

「オレと新庄（剛志《つよし》）がクリーンアップを打っているんやから、強いわけないよな」

本来なら当時は、私も新庄選手も、クリーンアップを任されるような選手ではありませんでした。確実性に乏しいが一発の期待ができるという私たちのような選手は、六番もしくは七番ぐらいを打つのが、相手チームにとっては脅威になるはずなのです。しかし、中軸を打たせようと獲得してきた外国人選手が、開幕早々に帰国してしまったり、期待通りの活躍ができないことが続き、結局、私や新庄がクリーンアップを打たざるを得ないというのがその頃のチーム状態でした。

振り返れば当時の阪神は、外国人獲得という〝投資〟がさまざまな事情でうまくいかず、全体を見渡しても戦力のバランスがまったく整っていなかったと言っていいでしょう。

クリーンアップを打つようになった私は、九六年に二十二本、九七年には二十三本と、二年連続二十本以上のホームランを打つことができました。〝四番〟という責任ある立場が、私を成長させてくれたのだと思います。しかし、その一方では一シーズンに百以上の三振を喫し、三割に遠く及ばないような打率しか残せませんでした。主砲がこれでは、当然、批難《ひなん》の矢面に立たされます。

熱心なタイガースファンが陣取る甲子園球場のライトスタンドは、私の定位置のすぐ後方。負けが込んだり、個人成績がおぼつかなければ、容赦ないヤジが飛んできます。

「こら、桧山！　やめてまえ!!　いつまでやってるんや！」

毎日のようにそんなヤジがライトスタンドのほうから聞こえてくるのです。見返せるものなら見返したい気持ちでしたが、ファンがそういう言葉を発する気持ちも理解できます。私は〝我慢の練習〟だと思っていました。結果が出せない選手に対しての苛立《いらだ》ちや、チームの負けが込んでいることへのストレスからくるヤジはときどき理不尽に思えることがあります。けれど、その理不尽なことを受け流し、そこで腐らずに次の場面で結果を出す我慢強さがプロには求められるのです。

しかしながら、これほど弱いチームであっても、甲子園球場には多くのファンが詰めかけてくれました。特に伝統の巨人戦などは、超満員となり、必ず大入り袋が配られたのです。ファンのヤジに心を痛めたことは確かにありますが、それ以上に戦う勇気をもらったような気がします。

若いうちは失敗が許されます。新入社員なら多少のミスをおかしても先輩や上司がフォローしてくれるでしょうし、取引先の方が大目に見てくれることもあるでしょう。しかし、年を重ねるうちに失敗が許されなくなっていきます。

プロ野球選手は、いつクビを切られてもおかしくない個人事業主です。「長く野球を続けたい」が最大の目標だった私は、「このままクビになったら、中途半端なままオレの野球人生が終わる。とにかく後悔のないように今の練習やトレーニングをやりきるしかない」という一心でした。苦境は、日々の積み重ねで打破するしかないのです。

しかし、出場機会は少しずつ減少していきました。

仲田's MEMORY

阪神の四番打者となった桧山は、九六年に二十二本、九七年には二十三本もの本塁打を放ちました。九一年に甲子園球場のラッキーゾーンが撤廃《てっぱい》されて以来、左打者で二年連続二十本以上の本塁打を打ったのは、球団史上、桧山が初めてだったようです。その頃は冗談でこんなことをよく言っていました。「ラッキーゾーンのあった時代なら、三十本以上は打っていたな（笑）」

当時、桧山は二十代後半という若手に位置づけられる年齢でしたが、すでにプロ意識の高い大人のアスリートだったように思います。

彼はまず、オンとオフの切り換えがしっかりできる選手でした。アスリートはみな、練習場や試合会場から自宅に戻ればなるべくそのスポーツのことを忘れようと心がけますが、「言うは易《やす》く行うは難《かた》し」で、なかなかうまくいかないものです。とりわけ試合で成績が残せていなければ、どうしても自宅にまで悔しい思いを持ち帰って、試合のことを考えてしまいます。

その点、桧山は自宅に戻れば試合中の出来事を引きずりません。シーズン中は晩酌程度のお酒しか口にしない彼ですが、仲間と飲みに行けばアルコールを飲まなくても場を盛り上げるような話をし、自分はもちろん、同席する人も楽しませるという話を聞いたことがあります。もともと彼はストレスをため込むタイプではありませんが、仕事以外の場所で自然と気分転換が行えていたのだと思います。仕事は仕事、遊びは遊び、そして家庭は家庭と割り切っているのです。

「オンとオフが切り換えられれば、長く結果を残し続けることができる」

それが彼の持論のようです。オフの時間に野球のことを忘れることによって、オンの時間である試合中により集中することが可能となるのでしょう。

また、勝負師として生き抜くうえで最も重要な勝負強さも持ちあわせていると思います。それはプライベートでの遊びの場でも見受けられます。彼とボウリングを一緒にやっていると、ここでスペアを決めたら逆転するという場面で、必ずスペアを取り、勝ちを決めるのですから。

勝負事には、必ず、絶対に失敗できない勝負所があるものです。桧山はそういった場面を絶対に見逃さず、そこで抜群の集中力と、勝負強さを発揮します。それは遊びであろうが野球であろうが、同じです。

ボウリングの話を続けると、彼はそれほどボウリングの経験が豊富ではないはずですが、レーンの状態を判断し、「右寄りから曲げたほうがストライクを取れる可能性は高いな」などと判断し、実際に高い確率でストライクを取る。状況を把握したうえで頭のなかでシミュレーションを行い、その脳内のイメージ通りに身体を動かすことで、最高の結果を導くのです。こういった点もアスリートとしての彼が秀でている点ではないでしょうか。

桧山という人間は、表現は悪いかもしれませんが、クソ真面目。常に一生懸命で、何事にも真剣に取り組みます。ですから一緒にいる我々も手が抜けないし、常に真剣になる。

こういった勝負強さや常に一生懸命な姿勢は、誰かに教わって急にできるようになるものではありません。躾《しつけ》に厳しいご両親のもとで育ったことで、自《おの》ずと突出したアスリート能力が備わっていったのだと思います。

九〇年代後半に入り、桧山は順調にキャリアを重ねていましたが、その一方で阪神はなかなか勝てず、暗黒の時代を迎えていました。四番を打っていた桧山に向けられる阪神ファンの心ないヤジも、本心では相当に堪《こた》えたのではないでしょうか。ある時、桧山にこんなことを訊《たず》ねたことがありました。

「よくあんなヤジに耐えられるな」

「これも訓練やから……。たとえば腕立て伏せをやろうとすると、はじめは十回ぐらいでもしんどいやろ。でもそれに耐えながら、継続して腕立て伏せをやることによって、二十回、三十回とできるようになる。そこまでできるようになったら、十回の腕立て伏せなんて全然しんどくないやろ。それと一緒で、我慢し続けていたら、ヤジも声援に聞こえてくるわ（笑）。まあ、ヤジられるのは期待の裏返し、それは感謝せなあかん」

耳をふさぎたくなるようなヤジを飛ばすファンにも、感謝の気持ちを忘れない。それが桧山という野球選手なのです。

7 苦しい時こそ、いつも通りで

大きな組織改革が行われれば、会社での立場も大きく変わってくる。プロ野球の組織改革といえば、監督の交代だろう。阪神は一九九九年、ヤクルトスワローズで大きな成果を挙げていた野村克也氏を新監督として招聘《しょうへい》した。それまでライトのレギュラーだった桧山は、坪井智哉選手の台頭などもあって、レギュラーポジションを剥奪《はくだつ》され、ベンチで過ごすことが多くなっていく。組織に属していれば、上司の描く青写真にそぐわない存在になることもある。そこでいかに腐らずに、自分の立場を守っていけるかがその後の人生を変えてゆくのだ。

桧山's HISTORY

一九九九年、阪神の監督に野村克也氏が就任しました。九〇年から九八年まで指揮を執られていたヤクルトでは、データを駆使した〝ＩＤ野球〟で三度の日本一に輝くなど、ヤクルトの黄金時代を築いた方です。細かい野球を取り入れ、阪神が大きく変わる――それは明らかでした。選手たちは、野村監督の野球についていけるのか不安に思い、戸惑っていたと思います。積極的に選手ミーティングを開催し、「一からチームを作り直そう」といったことを伝えていたように記憶しています。

しかしこの年、私の成績は落ち込みました。レギュラーに定着した九五年から九八年まで、百試合以上に出場してきましたが、九九年シーズンは九十五試合の出場にとどまり、三十七打点しか挙げられませんでした。

その理由は、単純に自分の実力不足。当初は相手の先発投手が左腕の時にだけ外れていたのですが、右腕が先発の時もスタメンで結果が残せず、シーズンも終盤に入ると、先発が左右どちらであっても外されることが増えていきました。

同じ左打者である坪井智哉選手にポジションを奪われたのですが、私は当面のライバルである選手を、特別に意識するようなことはありませんでした。どちらかというと、いかに自分のレベルを上げ、誰にも負けない知識を身につけるかということに尽力していたように思います。誰かと比べるのではなく、私は私自身のベストプレーを心がけ、結果を伴わせることに力を注ぐべきと考えていたからです。

「なんで監督はアイツばかり起用して、オレを使わないのか」

そう思ってふて腐れるのは簡単です。苦境に陥った時、つい人のせいにしてしまうのが人間というものでしょう。会社に置き換えてみれば、どうにもこうにもウマの合わない上司の下につかなければいけないことだって当然あると思います。

「あの上司のことは嫌いだから、自分の仕事もいい加減でいいや」

そうなってしまえば、何も生み出しませんし、成長はできません。また、取引先との交渉も、どこか投げやりになってしまうかもしれません。

たとえ相性がよくない上司であっても、自分という人間を〝使わざるを得ない〟状況に、自身の力で導けばいいのです。仕事に一生懸命に向き合い、まずは同僚たちに認めてもらうことから始めるのもひとつの方法だと思います。

再び野球に置き換えるならば、代打で出場した時に、ヒットは打てなくても四球を選ぶとか、たとえアウトになっても最低限ランナーを進めるチームバッティングを成功させるとか、簡単に三振をしないとか、そういう全体から見て自分の役目の〝達成率〟を少しずつ高めていくことに腐心《ふしん》しました。

幸いにして、守備と走塁に関しては、入団三年目ぐらいまでに徹底的に鍛えていましたので、私は誰にも負けていないという自負がありましたし、首脳陣も守備と走塁は認めてくださっていたと思います。ですから、あとはバッティングで結果を残すことだけ考えればよかったのです。

入団以来、私は子供の頃から大好きだった野球を〝仕事〟と割り切り、阪神という球団に〝就職〟したという意識でいました。仕事で結果を残さなければだんだんと居場所を失っていくわけですが、だからといって、自分の不遇を、誰かのせいにするのは逃げでしかありません。

結局、苦境を打破するのは自分の力しかないわけです。試合前の練習を精一杯こなし、仲田とのトレーニングも怠らない。いつも心がけていることを〝継続〟させることで、必ず状態はよくなっていくはずと信じていました。

とはいえ、苦境を乗り越えるきっかけを求め、気分転換も兼ねて仲田と共に奈良県の信貴山《しぎさん》へ、合宿の気分で滝行《たきぎょう》に行ったのもこの頃ですから、私自身のなかに焦りはあったのでしょう。

九九年シーズンの後半にはこんなこともありました。腑甲斐《ふがい》ない結果に終わっていた私を見かねて、父が叱咤《しった》の電話をしてきたのです。

「コラッ、お前は何のために車を買ったんじゃ!! 悔しいとは思わんのか。今すぐ京都に帰ってきて、バッティング練習せえ」

言葉は乱暴ですが、これが父親なりの愛情表現だったのでしょう。にもかかわらず、翌二〇〇〇年シーズンは、わずか八十七試合の出場に終わってしまいます。この頃から父は優しく「がんばれ」と言うだけになっていきました。

完全にレギュラーの座を失ったシーズンでしたが、幸いだったのは一度も二軍に落とされなかったことです。ですから、試合中も出番に備えながら、野村監督の言葉に耳を傾けることができました。試合の行方をベンチから見守りながら、野村監督が発する言葉を予想する。正解だったら自分の野球理論が指揮官と合致するわけですし、異なれば新しい考え方を取得できます。

それまでの私は、ただがむしゃらに野球に取り組むだけでした。そういう姿勢だったから、野球選手として一時的に限界を迎えたのかもしれません。野村監督の発する言葉には、私の知らない野球がありました。あの当時は、ベンチにいながら、簡単に言えば、〝考える〟ことを覚えたように思います。投手の配球を考える。守備では相手打者の特徴を考えて、打球を予測する。そういう野球を実践していれば、走塁時などでも、相手の隙を突いてひとつでも先の塁に進むことが可能となっていくのです。リミッターが外れ、私の野球観は確実に広がりを見せていったと思います。

仲田's MEMORY

桧山は入団以来、「全試合、レギュラーとしてフルイニング出場する」ことを個人としての第一目標に掲げていました。三割打つことも、三十本塁打を放つことも、チームに貢献することに違いはありませんが、ケガなく全試合にスタメン出場することこそ、組織の一員が果たせる最大の貢献だと思っていたようです。

そんな男が、野村克也監督の就任後、スタメンから外れる機会が多くなっていきました。若手選手の台頭や外国人外野手の加入などの影響もありますが、試合で結果を残せなかったことが最大の要因だと、本人も考えていたのでしょう。誰よりも阪神を愛し、人一倍、責任感の強い桧山ですから、落ち込むのも無理はありません。

とりわけトレーニング中の桧山の様子がそれまでと異なるようになっていきました。どこかイライラ、カリカリしており、トレーニング中に飲料水を渡しても、いつもは

「ありがとう」と礼を言う彼が何も言葉を発しないまま受け取るのです。好調時にはない悲壮感が漂っていました。そして、

「腐ったらあかん。腐ったらあかん」

と、自分自身に暗示をかけるように何度もつぶやくのです。

試合にスタメン出場できないのは、あくまで自分の実力不足が原因。そのためには練習やトレーニングに打ち込むしかない。そう思っていたに違いありません。桧山は二十二年間の現役生活でこの頃が最もトレーニング量をこなしていたと思います。

結果を求めてもがき苦しむ桧山に向かって、私がかけられる言葉は「オレにできることがあったら何でも言ってな」くらいのものです。「大丈夫やで」などとその場しのぎの、気休めの言葉をかけても、苦しんでいる本人は「お前に何がわかる！」という気持ちになってしまうでしょう。

私がすべきことは、できる限りトレーニングをサポートし、身体のケアを行うこと。自分の仕事をまっとうしたら、あとは桧山の試合での活躍を静かに見守るだけです。

ある時、桧山がこんなことをつぶやいたのを、私は聞き逃しませんでした。

「上司は部下を選べるけど、部下は上司を選べない。部下としては、その上司に『使

わざるを得ない』と思わせないとあかんよね。試合では結果が出ていないけど、こういう時こそ、腐らずに努力し続けることが大事やと思うわ」

私も多くのアスリートと接してきましたが、調子が上がらない時や試合で結果を残せていない時ほど、自分以外の何者かに言い訳を求めたくなるものです。監督やコーチ、あるいは私のようなトレーナーがダメだから、自分のパフォーマンスが発揮できないのだ、と。

その点、桧山は、いっさい言い訳をしません。すべて自己責任だと自覚しているのです。スタメンから外れていた時期に「イライラしていた」と書きましたが、それは監督に対してイライラしていたわけではなく、チームの期待に応えられない自分自身に苛立っていたのです。

しかし、そのイライラも、グラウンドでは絶対に見せません。感情的になれば悪循環に陥ることを彼は理解しているのです。

いつ出場しても大丈夫なようにコンディションを整え、チャンスが到来した時に最大限の力を発揮できるようにひたすら準備する――この頃の桧山は、そんな心境で日々を過ごしていたのだと思います。

8 不安は自己暗示で取り除く

二〇〇〇年にレギュラーの座を失ったことは、桧山にとって野球人生で初めての挫折だった。苦悩の一年を過ごした桧山は、その年の暮れに結婚する。〇一年、停滞期から抜け出すきっかけは、野球に興味のなかった妻の一言だった。長く人生を送っていれば伴侶や友人の何気ない一言で道が拓《ひら》けていくこともある。桧山は再びレギュラーの座を勝ち取り、そしてプロ野球選手なら誰もが目指す打率三割に初めて到達した。

桧山's HISTORY

二〇〇一年は、私にとって大きなターニングポイントとなる一年になりました。前年末に結婚し、責任のある立場になったことも大きいと思います。

グアムで結婚式を行ったこともあり、翌年、仲田とふたりだけでグアムで自主トレを行うことにしました。三十歳を過ぎれば、どうしてもケガをしやすくなってしまいますし、自主トレの時期は真冬ですから、寒い日本でトレーニングを行えば、その危険度はより高まります。特に前々年、キャンプ中にケガをしてしまったこともあり、ケガ防止が常に頭のなかにありました。

それに日本にいると、いくら自主トレの時期でも頻繁《ひんぱん》に食事などのお誘いをいただきます。ありがたいお誘いを断らなければいけないのは、それはそれで気の滅入《めい》ることです。それがグアムだと声もかけられにくいですし、私もお断りしやすい。つまり、より集中してトレーニングができる環境を求めて、グアム合宿を敢行したのです。

バブル崩壊のあおりを受けて、一時的に工事が途中でストップしていた未完成の施設で、仲田とふたりきりのトレーニングがスタートしました。仲田は運動神経こそ抜群ですが、どうも野球だけは苦手のようです。キャッチボールをしていても、どこかフォームがぎこちない。私が一からフォームを教え、なんとか投げ返してもらいました。

何といってもグアムの気候は暑く、ケガ防止には適していますが、それだけ身体には負担が大きいという側面もあります。仲田との会話も、三日目ぐらいから極端に減っていき、「おはよう」「お疲れ」「おやすみ」という簡単な会話ぐらいになっていいました。ケンカをしていたわけではありません。単に喋《しゃべ》る気力もなくなるぐらいへとへとになってしまっていたのを覚えています。

グアムでの自主トレキャンプは、引退する一三年シーズンまで続きました。最初はふたりきりでしたが、年を重ねるごとに仲田が指導するいろいろなスポーツのアスリートが集まるようになっていきました。レーサーの脇阪寿一さんや柔道の野村忠宏選手、元世界王者のプロボクサー名城《なしろ》信男選手、多くの女子プロゴルファーたちです。

五輪金メダルを三大会連続で獲得した野村選手は、試合前にトイレに閉じこもり、自分に暗示をかけるそうです。誰しも、大舞台の前は緊張します。いかにその緊張を振り払い、平常心のまま試合に臨めるか。それが大舞台で力を発揮するうえでは大事なはずです。野村選手のような人でさえオリンピックを前にすれば心身が強《こわ》ばると言います。最近は「緊張したことがない」と話す選手も多くいますが、逆にある程度の緊張感がなければよいパフォーマンスも生まれないのではないかと私は思っています。

思い返せば、私も打席に入る前に、いろいろなことを口ずさんだりしていました。

チャンスの場面であれば、

「張り切って張り切って張り切って」

苦手な投手が相手なら、

「大丈夫大丈夫大丈夫。バットに当てればなんとかなる。センターへセンターへ」

と、同じフレーズを繰り返すのです。不安要素を打ち消すために、自分が心がけるべきフレーズを実際に口に出すと、集中力が高まっていきます。おそらくマウンド上で白球を見つめながらつぶやいていた桑田真澄さんも、同じような目的で行っていたのではないでしょうか。

また、頭のなかで自分に語りかけるのもいいと思います。野球の場合、打席に入ってから一球ごとに駆け引きがあります。ここで野村監督の配球予測から学んだことが生きてくるのです。たとえば一球目に投じられたボールを見逃したりすると、

「今のは真っ直ぐかあ。次は何だろうな。もう一球、アウトサイドに真っ直ぐか、インサイドへのスライダーかな？　もしくはフォークかな！　だったら次のボールは消極的な感じで打席に入ろうか」

といったことを頭のなかで自分に語りかけて、次のボールを意識的に見逃します。そんな私を見て、相手方のバッテリーは、「こいつ打つ気ないのかな」と思うかもしれません。あるいは、「簡単に見逃したけど、癖《くせ》がばれているのかな」「ボールがよく

見えているのかな」と、勘違いをしてくれるかもしれません。バッテリーの動揺を誘うためにも、この作戦は有効だったのです。

これらは自分にとっては魔法の言葉であり、力を発揮するための独り言で、けっこう有効なものだと思います。自分で自分に暗示をかけることになりますから。ぜひみなさんも仕事上の緊張する場面で実践してみてください。意外とよい結果が生まれるのではないかと思います。

実は、これを行うようになったきっかけは、妻の一言でした。

代打で結果が残せていない〇一年の春先だったと思います。私に向かって結婚したばかりの妻がこんなことを言ったのです。

「もうちょっと、張り切ってやってきたら？」

こっちは仕事なのに、張り切るとはいったいどういうことか。そう妻に問うと、

「だって、表情が暗い！」

確かに私は自分のことばかり考えていたように思います。「なんで監督はオレを使ってくれないんだ」と思わないように心がけているつもりでも、どこかふて腐れた部分が、当時はまだあったのでしょう。

これは、野球をまったく知らない妻だからこその発言だったように思います。その日以来、帰宅するたびに、「今日は張り切った?」と聞いてくるようになりました。そして、それに対して、

「おう、今日も張り切って野球やってきたわ」

と答え続けることで私の表情も明るくなり、試合でも結果が伴うようになっていきました。

そして私は〇一年シーズンにレギュラーポジションを奪い返し、当時の史上七位、球団新記録となる二十八試合連続安打を達成、自身初の打率三割に到達したのです。

仲田's MEMORY

桧山の日々やるべきことをやり続ける力――あえて名付けるなら、〝継続力〟には、私も頭が下がります。

トレーニングだけでなく、ストレッチも怠りません。毎日、ちょっとした暇を見つけてはストレッチをし、次のスケジュールまでの自由時間があればまたストレッチをする。とにかく毎日二十四時間、自分の身体と向き合っているようなもので

す。

ストレッチによって柔軟性を高めれば故障しにくい身体になりますし、ケガを未然に防ぐことにも繋がります。また、それだけ自分の身体と向き合っていれば、ちょっとした異変にもすぐに気付くようになるのです。たとえば、腰の部分にいつもより硬い筋肉があったとすれば、「腰が張っているな。ちょっと疲れがたまっているのかな」といったように、自身の身体の状態を把握できるようにしていたのだと思います。

こういう、日々継続することの積み重ねが、桧山が長く現役を続けられた最大の要因だと思います。

私も彼のトレーニングに同行していて、ふだんと何か違うという違和感を覚えたら、トレーニングにストップをかけることはあります。いつもならラクに持ち上げられる重量なのに、どこか苦労しているようであれば、軽めの重量に変更したり、そのトレーニング自体をやめさせたりするのです。

野球は身体のコンディションと試合におけるパフォーマンスが直結するスポーツだと思います。コンディションがよければ好結果に繋がることが多いし、悪ければそれなりのパフォーマンスしか発揮できない。競技によっては、多少コンディションが悪くても、経験や技術力でそれなりにカバーできるものもありますが、野球ではそういったことはあまりありません。だからこそ、トレーナーである私も桧山のコンディションの変化に目を光らせておかなければならない。疲れているようならトレーニングの量を減らして身体のケアに時間を割き、コンディションを整えていくのです。

スタメンから外れてしまったこの時期、トレーニングに関しては、闇雲に新しいことに挑戦しないように心がけていました。調子が上がらないからといって、それまで桧山には合わないと思って取り入れなかったトレーニングを導入していては、余計に調子を崩してしまうこともあり得ます。

一方で、桧山が明かしているように、それまで一度も行ったことのなかった滝行を敢行しました。これは私の知り合いの方から紹介してもらったのですが、冗談半分で桧山に提案してみると、「何でも経験やな。気晴らしに行ってみようか」となったのです。そこにはもちろん宗教的な目的はないですし、何かに開眼しようと思って真冬の滝に飛び込んだわけではありません。桧山も私も、何かしらのきっかけを探していたようなところがありました。そこに滝行の話が舞い込んできただけです。

その成果とは思いませんが、〇一年以降、桧山の成績は次第に上向いていき、レギュラーポジションを奪還《だっかん》しました。

その前年末に結婚したことも、桧山にとっては大きな出来事だったでしょう。家族という守るべき人ができたことに加え、栄養士の資格を持っている奥さんの手料理によって、食事面のサポートも受けられるようになったのです。

さらに、〇二年には長男が、〇五年に次男が生まれたことも桧山の大きな支えとなりました。次男が成長し、父親が野球選手であることを認識できるようになるまでは現役を続けたいという意識が桧山に芽生えたようでした。

9 中間管理職の立場で組織を作り上げていく

桧山は二〇〇〇年のオフに選手会長に就任し、〇一年から〇三年シーズンの三年間、チームを束ねる役割を担った。選手会長という立場は、会社にたとえるなら役員などの上層部と、若手社員とを結ぶ中間管理職である。桧山は新加入した選手たちに気を配り、同時に、改革が進むチームに不安を覚える若手選手たちの手本となっていった。

桧山's HISTORY

野村監督の政権下だった二〇〇〇年オフ、私は山田勝彦選手のあとを継いで、阪神の選手会長を任されることになりました。本当はその前からオファーはあったのですが、お断りしていたのです。平安高校や東洋大学で、キャプテンを務めた経験こそあったものの、もともと私は言葉で選手たちを引っ張るタイプのリーダーではありません。私の取り組み方を見て、何かを感じ取ってもらうしかないのですが、そういうタイプはプロ野球の世界におけるリーダーには適さないと思っていたからです。

選手会長という立場は、会社(球団)と選手の間をとりもつ中間管理職のような立場です。先輩のあとを追っていればよかった若手時代とは違い、後輩を引っ張る立場であることを意識し、重みのある言葉を発しなければなりません。選手会長初年度の〇一年シーズンに三割を打ったこともあり、そういうふうにチームを束ねる役割を自分に課そうと思うようになりました。

「オレもそういう年齢になったんだな」

そう思うと同時に、まだまだ若手には負けていられないという気持ちも高まっていきました。

選手会長として気を遣ったのは、FAなどで阪神に加入してくる選手たちに対してです。とりわけ野村監督の時代や、〇二年から指揮を執った星野監督の時代、阪神は選手の入れ替わりが激しく、移籍してきた選手が多数いたのです。

〇二年に日本ハムファイターズから加入した片岡篤史選手や〇三年に広島東洋カープから移籍してきた金本知憲《ともあき》選手などは、すでにプロ野球界に功績を残していた選手です。しかし、いくら実績があっても、いきなり阪神に来てチームに馴染《なじ》むのにはやはり時間がかかります。彼らに実力通りの結果を残してもらえるよう、溶け込みやすい雰囲気を作るのが私の役目でした。ちょうどふたりは同世代でもありますから、少しは気が楽だったかもしれません。

一方、若手選手たちにも不安があったと思います。阪神の改革期であるこの数年間は、選手のおよそ半分が入れ替わり、球団内が激しく揺れ動いていた時期でした。

若手選手には声をかけることはもちろん、私の背中を見てもらって、何かを感じ取ってもらうことが一番でした。キャンプなどでは常に全力プレーを心がけ、全体練習後はトレーニングルームに籠《こ》もって自分の練習を行う。私が真弓さんのトレーニングに触れてその必要性を感じたように、ベテランでさえも必死にならなければ生き残れない世界だということに気付いてもらうためです。

この時もそうでしたが、それ以後も、私は若手に対して特別「もっと練習しろ」などと声をかけることはありませんでした。

なぜなら、練習というのは、誰かに言われてやるものではないと考えていたからです。自分で練習の必要性に気付いて、量をこなして初めて身についていくものではないでしょうか。成功する選手の第一条件は、自分のトレーニングや調整法を貫き通せることなのではないかと思います。

私は練習量では誰にも負けていないという自負を持って、野球に取り組んできました。ですから、練習で手を抜いたことは、一度たりともありません。そうしなければこの世界で生きられなかったからです。そのなかで「この選手は練習しているな。負けられない」と思ったのは、金本知憲選手です。彼ほど力のある選手ですら、周りが驚くほどの練習量をこなすのですから、これからという選手が怠惰《たいだ》にしていては、成功を収められるはずがないと思っていました。

スポーツの世界に限らず、どんな社会においてもプロ意識を持って働いている人は、みな同じように、陰で自己を磨いているものなのではないでしょうか。

また、会長としての役目のひとつに選手たちの意見を球団に伝えることがあります。球場設備の充実を訴えたり、オフの期間に甲子園球場を選手に開放する機会を増やしてもらうようにもお願いしていました。

その当時、甲子園球場は老朽化が進み、室内のバッティング練習場も三塁側の一カ所にしかなく、マシンも二台しかありませんでした。全体練習前はマシンの取り合いです。それゆえ、チーム間でなかなか効率よくバッティング練習ができませんでした。

その頃の私は、みんなが球場入りする何時間も前に来てマシンを相手に打撃練習を行うようにしていました。なんとかして限られた時間を有効に使い、一人ひとりが工夫することで、チーム全体が効率的かつ効果的に練習できるようにしたいと思っていたからです。

一〇年に甲子園球場は全面改装をし、今では練習の環境も大きく変わりました。マシンは五台もありますし、ティーバッティングができる敷地もたくさんあります。後輩たちにはその恵まれた環境を活かしつつ、ハングリーさを忘れずに、練習に〝工夫〟をして自己を磨いてほしいと願っています。

仲田's MEMORY

桧山の口から、名声や大金を得たいというような言葉を聞いたことは一度もありません。子供の頃から抱いていたプロ野球選手になる夢を叶えた桧山にとって、大好きな野球で活躍し、多くのファンを感動させることこそ、唯一にして最大のモチベーションだったように思います。

そういう選手だからこそ、チームを束ね、統率する選手会長に相応《ふさわ》しい人物とチームメイトからも思われていたのでしょう。しかし、敗戦が続けば、批判の矢面に立たなければならない立場でもあります。もともと、個人成績よりもチームの成績を気にかける選手でしたが、それまで以上に「どうやったらチームが勝てるようになるのか」「チームの雰囲気を壊すようなプレーはやったらいけない」といった言葉を口にするようになっていました。

また、「△△選手は真面目な選手やけど、もう一歩、がんばってほしいけどな」「すごく素質を持った新人の○○という選手が入団してきたんやけど、守備がいまいちなんやなあ」などと、チームメイトに対する希望を私の前でぽろりと口に出すようにもなっていきました。それは、後輩批判ではなく、チームを束ねる立場となった男の、あくまでも組織を慮《おもんぱか》った意見です。

桧山は野球選手でありながら、ビジネスマンの鑑《かがみ》のようなところがあります。

一選手（社員）として、阪神（会社）に足りないもの、必要なものを理論立てて考える。不満は口にせず、ひたすら組織の駒として、自分に何ができるかを常に考える。

そして、優勝という目標に向かって必要なことを細かく分析し、そのために自分ができることを客観的に実践していく。

野球選手という職業は、全員が個人事業主で、いわば来年の身分が保障されていない人たちです。ということは、ほとんどの選手が自分の成績を残すことだけに必死で、組織のことを考える余裕はあまりないのではないでしょうか。

そんななかにあっても、桧山は数少ない生え抜きのベテラン選手としてみんなを束ね、チームのために自分は何ができるかを常に考えて試合に臨んでいたのです。

だからこそ、キャリアの晩年にはこんなことを言っていました。

「プロに入って、野球が仕事になると、純粋な気持ちで野球を楽しめなくなった」

切実な言葉ではありますが、桧山がいかに真剣に野球（仕事）と向き合い、そしてまたその世界の〝本当のプロ〟として生きてきたかがわかる一言だと思います。

10 ひとりの〝全力〟がチームを変える

一九九八年から二〇〇一年シーズンにかけて、阪神は四年連続で最下位に沈んだ。選手会長である桧山は、責任をひとりで背負い込んでいた。そこに現れたのが新指揮官である星野仙一監督。野村政権下でようやくレギュラーに復帰した桧山といえども、またゼロからの競争が始まった。中間管理職の立場である桧山は、球団と新監督、選手たちと新監督の間を取り持っていった。

桧山's HISTORY

二〇〇二年に星野監督が就任した際、「レギュラーはひとりも決まっていない」と発言されました。つまり、ゼロからの競争が始まるということです。

春季キャンプの前夜、選手会長である私は星野監督に呼ばれました。

「よろしく頼むぞ。お前が引っ張っていってくれよ」

私の心のなかに「せっかくレギュラーを奪い返したというのに、また競争しなくてはいけないのか」という思いがあったのは事実です。しかし星野監督の一言は、自分への期待の表れでもあります。自分のこと以上にチームのことを考えないといけない立場であることを強く意識した瞬間でした。

といっても、練習への取り組みは何も変わりません。常に全力プレーを貫くのみです。

「はじめに」にも書きましたが、私は自分が練習していることを誰かに見られることが大嫌いです。甲子園でのナイターの日は、だいたい十三時ぐらいに首脳陣や選手が集まり始め、十四時から全体練習が開始になるのですが、私は十三時の時点で自分だけの個別練習を終えるようにしていました。

トレーニングにしてもバッティング練習にしても、ひとりでやることによって集中力が増すというのが第一の理由です。阪神の場合は、マスコミの番記者の数も多いので、練習風景を取材されることが多くあります。結果、新聞などで「桧山、居残り練習」などと報じられるのも、できれば避けたいことでした。というのも、マスコミや首脳陣の前でだけがんばっているような選手とは思われたくなかったのです。練習は、マスコミや首脳陣のためではなく、自分のためにだけ行うことですから。

父は、私が少年野球をやっていた頃、こんな言葉を投げかけてきました。

「お前ぐらいの野球選手は、全国になんぼでもおるわ」

「お前は自分が誰より練習していると思っているかもしれんが、それぐらいの練習量をこなしている選手はいくらでもいるんやで」

自分が精一杯練習して、ようやく一流の選手になれるかどうかだ、という意識を子供の頃から植え付けられていましたから、私にとって練習やトレーニングを人より多くこなすのはごくごく当たり前のことであり、その内容をひけらかすものではないと思っていたのです。

星野監督のもと、選手会長を務めていた私にとって心強かったのは、新人時代の恩師である島野育夫さんが戻ってきてくださったことです。いつも強面《こわもて》で、選手に課す練習も厳しいのですが、ひじょうに愛情に満ちた方です。入団したばかりの頃は、外野守備が素人だった私に、一からたたき込んでくれました。その時に信頼関係を築けていましたので、「何か問題があれば島野コーチに相談すればいい」という安心感がありました。

春季キャンプから、ランニング中は選手会長として常に先頭を走るようになり、チームの日課である朝の散歩でも、体操の音頭を取るようになりました。自分のことだけでなく、他の選手のコンディションにも気を配るようにしました。会長として、島野コーチから「チームの状態はどうだ?」と聞かれても、すぐに答えられるようにしていなければならないと思っていたからです。

星野監督が就任した〇二年シーズンは開幕から七連勝し、スタートダッシュに成功しました。

結局このシーズンはケガ人が続出して中盤以降失速し、最終的には四位でしたが、少しずつ一歩ずつ、阪神が変わりつつあるのが実感できました。負けることに慣れた阪神ではなくなったのです。先制されても、どこかどっしりと構えていて、一点を返すと二点、三点と得点を重ね、いつしか逆転する。ベンチ内の雰囲気も以前に比べて明るくなったように思います。

勝つ喜びを知り、勝つ楽しみを味わい、セ・リーグ制覇、日本一がいよいよ現実的な目標になっていたのです。

翌〇三年、阪神の一軍の春季キャンプが沖縄でも行われるようになりました。キャンプインは沖縄で行い、その後、長年のキャンプ地である安芸に移るようになったのです。

きっかけは星野監督のこんな一言だったようです。

「お前ら、寒くないのか。沖縄は暖かいぞ！」

中日で指揮を執られていた星野監督は、沖縄でキャンプをされていたため、そんな言葉が出たのでしょう。キャンプインの二月上旬といえば、高知では雪が降ることもあったくらいです。寒ければケガの危険性が高くなりますが、暖かい場所であればその心配は少なくて済みます。ですから実戦練習よりも基礎トレーニングに重きを置くキャンプ前半を暖かい沖縄で行うようになったのです。

星野監督は常に合理的な考え方をする方で、何かを決断する時には緻密な計算が働いていたように思います。沖縄キャンプ導入も、選手にとって最高の環境を考えてくださった結果です。といっても、簡単には決断は下せないものです。改革を実行するためには、一見、独善的に見えるほど思い切りよく判断を下せる人が必要で、阪神球団にとってはそれが星野監督でした。

星野監督政権も二年目にもなると、選手たちは監督の意図するところを理解し、それを試合で実践できるようになっていったように思います。

仲田's MEMORY

一九九九年から二〇〇〇年にかけて不遇の時を過ごした桧山でしたが、ベンチのなかで監督の言葉に耳を傾け、スタメン出場が叶わなくても常に準備を怠らずにいたことで、野球の見識が広がっていったように思います。

アスリートとしての肉体的な土台は二十代前半からのトレーニングによってできあがっていましたが、野村監督によって野球観の土台を植え付けられたといってもいいかもしれません。

そういう桧山に、再び活躍の場を与えたのが星野仙一監督だったのではないでしょうか。桧山は水を得た魚のようにグラウンド上で躍動していました。野村監督と星野監督という、百戦錬磨の名将に仕えたことで、桧山は三十代前半にして改めて大きな成長を遂げたのです。

桧山に一度だけ訊ねたことがあります。

「進ちゃんはメジャーに挑戦しようって考えたことってないの？」

「そんなん、通用せえへんやろ！」

「通用しない」というのは謙遜《けんそん》ですし、挑戦したい気持ちが芽生えたこともあったかもしれないと私は思っています。アスリートである限り、最高峰の舞台に挑戦したいという気持ちはどうしても生まれるはずです。しかし、伝統ある阪神の主力として苦楽を味わううちに、いつしか阪神に骨を埋める覚悟が生まれていったのだと思います。

また、後年に桧山が他球団へ移籍されるという噂が、まことしやかに新聞紙上を賑わしていた時期がありました。

桧山はその報道に対して、珍しく声を荒らげていました。一部で「ファンへの裏切り行為」といった書かれ方をしたこと、また、心からほれ込んでいた球団が、自分には一言の話もなくそのような話を進めているかのように書かれていたことがショックだったようです。さまざまな誤解が、こういった誤った臆測《おくそく》報道を呼んだらしいのですが、その時ばかりは桧山も呆れながら、

「もしこの話が事実で、そんなにオレに移籍してほしいなら、ほんまに移籍してやろうかな（笑）」

と冗談を言っていたぐらいです。桧山は阪神に骨を埋める覚悟を持っていました。だからこそ、チームの成績のことばかりを考え、日々を過ごしていたのです。

11 バランス力が導いたリーグ優勝

組織のために、時には信念を曲げることも大切だ。桧山は二〇〇三年のキャンプイン時に、ファーストミットを持参した。首脳陣からの依頼に、チームの駒として純粋に従ったのだ。組織全体を見て何を求められているかを知り、それに応えること。そのことを実践したこの年、阪神は十八年ぶりにセ・リーグを制し、関西は大盛り上がりを見せた。プロアスリートにとって、勝利こそ最大の喜びであろう。一度リーグ優勝を経験したことによって、桧山はさらなる目標を掲げた。

桧山's HISTORY

星野監督が就任していた二年間、阪神のスローガンは、

「ネバー・ネバー・ネバー・サレンダー」

でした。言葉の意味は、「絶対にくじけるな」です。

前シーズンである二〇〇二年は、先制されたら逆転への望みを失っていたかつての

阪神から脱却することには成功しました。しかし開幕七連勝をしながら、最後に失速してしまった。同じことを繰り返してはいけないということで、星野監督はこのスローガン――略して「ネバサレ」をミーティングなどで必ず口にされていました。

この年のキャンプに、私はファーストミットを持ってキャンプインしました。ここまで外野手として勝負してきましたが、島野コーチから、「一塁を守る用意もしておいてくれ」と言われていたのです。

本来ならば守り慣れていて自信もあるライトが理想ですが、内野手の戦力が外野手に比べてどうも乏しい。外野からひとり、内野に回る必要がチーム内に生じたのです。チームが勝つためには私は〝駒〟になりきらなければなりません。「ここで自分がチームのためにやらないと、全部がバラバラや」と思い、提案を受け入れました。

しかし、一塁の守備と外野の守備はまったく別世界です。一塁というポジションは、外野に比べてより俊敏さが求められます。ファーストミットを使ってのゴロ処理や野手からのワンバウンド送球をうまく捕球しなければならないのですが、どうもしっくりいきません。島野コーチには「試合でエラーしても、お前が一塁の守備がへたくそなのはわかっているから責めはしない」と言われていましたが、それが私の闘争心に火を点けました。バッテリーが必死に抑えようとしているのに、ミスはできない。打つことに関してはチームメイトに頼ることもできますが、守備に関してはエラーひとつで敗戦に繋がります。

野球のグラブは守備位置によって異なります。その違和感を消すために、私は使い慣れた外野手用のグラブで、一塁の守備につくようにしました。すると、戦力になるレベルには遠かったと思いますが、なんとなくプレーしていてもも安心感があり、そこそこ守れるようになっていきました。使い慣れていないグラブのせいでエラーするかもしれないという、自分のなかでの不安要素が解消されたからかもしれません。

シーズン序盤は一塁を守り、途中からはケガで離脱した濱中治《はまなかおさむ》選手に代わり、慣れ親しんだライトに戻りましたが、それでも、一塁を経験したことは私の野球人生にとって、いい経験だったと思います。

会社勤めの方も、時に上司から、正直やりたくない仕事や苦手な仕事を任されることがあるかもしれません。でもそれが、単純に自分が「やりたくない」「嫌だ」という理由で拒否するならば、その姿勢は見直したほうがいいように思います。組織に属しているからには、やりたくない仕事もやらなければいけない時があると思うからです。

どんな仕事でも、意欲を持ってチャレンジすれば、きっと了見が広がっていくはずです。そしてそういう場面で、少しでも自分のなかの不安要素を消すために、さまざまな工夫をすれば、ビジネスマンとしても人間としても、さらに成長できるように思います。

〇三年、チームは前年のように失速することはなく、七月八日には優勝マジック〝49〟が灯りました。リードを奪えば逆転を許さず、多少のリードを許してもまったく動じないようになりました。「これはいけるかもしれない」。声には出しませんでしたが、私は心のなかで感じていました。

投手陣と野手陣、走攻守のバランスが整い、チームの勝ちパターンもできあがって、阪神は強くなりました。私自身も、七月にはサイクルヒット（シングルヒット、ツーベース、スリーベース、ホームランを一試合で打つこと）を記録、そしてついに待ち焦《こ》がれた一日を迎えたのです。

九月十五日。デーゲームの広島戦でサヨナラ勝ちし、二時間遅れで始まったヤクルトの試合が終わるのを待ちます。

ヤクルトが敗れ、阪神十八年ぶりの優勝が決まった瞬間、私自身がどんな感情に包まれたか——実はほとんど覚えていません。記憶にあるのは、とにかく祝勝会のビールかけではしゃいだことだけ。苦労が報われ、目標を達成した時ほど、特別な感情は湧《わ》いてこないのかもしれません。優勝を実感できたのは、しばらく経ってからでした。

シーズン終了後は、日本シリーズが待っています。当時はまだクライマックスシリーズがありませんでした。相手は王貞治監督が率いる福岡ダイエーホークスです。

この日本シリーズを最後に、星野監督が体調不良を理由に勇退されることが決まっていました。星野監督は私に自信と自覚を植えつけてくださった方。なんとか日本一になって恩返しをしたかった。日本シリーズはまず福岡ドームで二敗し、甲子園で三連勝。逆王手をかけるところまではいきましたが、再び福岡で二連敗……。

私も第六戦で本塁打を放つことはできましたが、日本一にはあと一歩届きませんでした。その結果、リーグ制覇の喜びは吹き飛び、私の胸中には悔しさばかりが残りました。

私の野球人生における最初の挫折は、野村監督時代にレギュラーから外れた時でした。この時は、それ以来となる野球人生二度目の挫折でした。

高校野球の伝統校である京都の平安高校で、甲子園出場を厳命されるなか、最後の夏に京都大会の初戦で負けてしまったことも、確かに悔しい思い出です。しかし、長い人生から見れば挫折でも何でもない、青春時代の懐かしい思い出です。

今、野球に取り組んでいる高校球児も、青春を野球に捧げるのは素晴らしいことです。チームメイトと共に勝利の歓声を上げるのも、敗れて涙するのもいい。だけど、それで人生を燃え尽きさせてしまってはいけません。甲子園に出場できなかったからといって、人生を悲観することはないのです。悔しさを乗り越えた時、それは私のように青春時代のよき思い出となりますし、必ず社会人になった時の肥やしになります。

一方、野球が仕事となると、自分の生活に直結するわけですから、これは大きく違ってきます。給料をもらっているからには、試合で結果を残し、ファンを喜ばせることが第一なのです。

シーズンの最後の最後で、ファンを落胆させてしまった。阪神タイガースのひとりの選手として大きな挫折を味わった経験でした。

それまでも日本一を目標に掲げていましたが、入団以来一度もセ・リーグを制したことがなかったために、どこか目の前の試合に勝つことだけで精一杯でした。でも、実際に日本シリーズに進出し、そして敗れたことで、日本一の栄誉は、それ以後の私にとって最大にして唯一の目標となりました。

仲田's MEMORY

二〇〇〇年に結婚し、野球選手としてもベテランの域に入っていたこの頃、桧山は練習やトレーニングだけでなく、休息・疲労回復に最も重要な睡眠にも気を遣うようになっていたと思います。

一般的には四時間半、六時間、七時間半、九時間……と、九十分単位で睡眠をとっていくことが理想の眠り方とされています。そして、二十二時ぐらいから、深夜二時ぐらいまでが睡眠の〝ゴールデンタイム〟と呼ばれ、効率よい睡眠ができる時間帯と言われています。

しかし、試合がナイターで行われることの多い野球選手の場合、そういった睡眠はほぼ不可能に近いでしょう。二十二時といえばまだ球場にいる時間帯ですし、深夜になって帰宅し、食事をしてお風呂に入っていたら、あっという間に二時になってしまいます。

桧山をはじめ、私がアスリートに推奨《すいしょう》している睡眠法は、とにかく〝一定のサイクルで睡眠をとること〟です。毎日就寝する時刻が異なっていたり、布団に入っている時間に変化があれば、体調が一定に保たれません。どうしても頭がボーッとする日が出てきてしまいます。

同時に、「七時間から八時間は布団に入るように」と伝えています。試合のあった日などは興奮状態にあってすぐには眠れないことが多いものです。そんな日もとりあえず布団に入ってしまえば、たとえ寝入るまで一時間ほどかかったとしても、最低六時間は休息にあてられるのです。また、お酒は百薬の長と言われますが、睡眠の直前にお酒を飲んでしまうと、眠っている間、肝臓が働く状態になってしまいますので、内臓機能を休ませることにはなりません。飲酒はせめて就寝の一時間前にはやめるべきなのです。

アスリートに対し、私はお風呂の入り方も伝えます。ぬるま湯での半身浴を勧めていますが、ある程度、長めに行えば副交感神経が優位に働き、心身のリラックスも促せるのです。また半身浴中、可能なら音楽を流したり、アロマを焚《た》いたり、入浴後にホットミルクなどを飲めばより大きな効果を得られます。

アスリートほど気を遣わないにしても、一般の方も良質の睡眠や半身浴を心がければ、翌日を心身のスッキリした状態で迎えられるでしょう。極端に睡眠時間が短かったり、寝過ぎたりするのはよくありません。睡眠が少ないと成長ホルモンなどの影響で太りやすくなったり、肝機能の低下に繋がったりすると言われますし、休日に「寝だめ」と称して、夕方近くまで眠るようなことは、生活のリズムを崩し、週明けの出勤日に頭がボーッとした状態になることも考えられます。質のよい睡眠を心がければ、ストレスがなくなり、生活習慣病なども予防できて、仕事にプライベートに、より充実した生活が可能になるのではないでしょうか。

桧山もこういった一定サイクルの生活を心がけることで、グラウンドでも安定した成績を残せるようになっていったような気がします。そして、阪神十八年ぶりの優勝にも貢献できたのではないでしょうか。

いくら野球に興味のない私であっても、桧山の成績は毎日チェックし、映像などを見て気になることがあれば電話を入れ、コンディションを確認したり、トレーニングを提案したりします。トレーナーとして、選手が活躍することが最大の喜びではありますが、桧山にとって悲願だったセ・リーグ優勝を遂げた〇三年を振り返ってみても、実は私にはあまり記憶がありません。

それは桧山自身がセ・リーグ優勝を遂げた喜びよりも、日本シリーズで敗れたことを誰よりも悔しがり、日本一という目標に向けさらに精進する気持ちが高まったことが背景にあるような気がします。

桧山とのつき合いも十年を超え、いわば戦友として私も一緒にシーズンを戦っているつもりでいました。桧山がセ・リーグ優勝を遂げても慢心することなく新たな悲願に向かっているのだから、私も改めて気を引き締めるだけだったのです。

第3章
求められ続ける人になる

12

家族が育ててくれたこと

桧山にとって、野球を志すきっかけを作った父は、人生の指針となる人物だった。人間はどんな人もひとりでは生きられない。野球選手という華やかな仕事に没頭する桧山を陰で支え、応援してくれる人がいるからこその自分であることを、常に心に置いて現役生活を送ってきた。

桧山's HISTORY

ここまでプロ野球人生を振り返ってきましたが、ここで私が育った環境や家族について語りたいと思います。

京都府京都市右京区に生まれた私には、十歳上の姉と二歳上の兄がいます。父は私たちに向かって「どんなことがあっても仲よくせえよ」と口癖のように言っていました。

父が野球をやっていたことと、兄が先に野球をやっていたこともあって、私が野球を志すようになったのも自然な流れでした。

小学生の頃、プロ野球界でスイッチヒッターが流行《はや》っていたこともあり、父は右利きの私を左打席にも入るよう勧めました。その時、父は経営していた工場を改築して、私のために即席のバッティング練習場を作ってくれたのです。私は毎日、父が作ってくれた練習場で二百球も三百球も打ち続けました。

そして父からは、

「野球がうまくなりたかったら、毎日必ずバットを振りなさい」

と大人になるまで言われ続けました。その言いつけを私はプロ二十二年間、いや野球を志したおよそ三十五年間守ってきたのです。それができたのも、丈夫《じょうぶ》な身体に生んでくれた両親のおかげです。

プロになったことで、少しは両親に親孝行ができたとは思います。しかし、父はテレビ観戦でしか私のプレーを見ようとせず、球場に足を運んでくれるのは実家から近かった当時の西京極球場で行われたときくらいで、結局、甲子園球場に来たことは一度もありませんでした。テレビのほうが表情など細かい部分を見られるからと言っていましたが、そこまで気にかけて見ていてくれたことをありがたく思います。

そして、テレビを見ていて気付いたことがあると連絡をしてきて、「タイミングが合っていない」「フォームが違うぞ」というように指導をしてくれました。それが具体的であり、また的確なのです。技術だけでなく、「最近、目が死んでいるぞ。体調は大丈夫か」と声をかけられることもありました。

幼少期から見守ってきてくれただけに、自分やコーチがなかなか気付かないところに気付いてくれるようなところがあったのです。

思えば高校時代も、調子を落とした時には、父にアドバイスを求めていました。その頃は父も試合会場に応援に来てくれていたので、打席に入る前に父の姿を探し、私に向かってジェスチャーでアドバイスを送ってくれる姿を確認していました。

私が大学時代、父が一度、病に倒れたことがありました。ちょうど東都大学リーグで首位打者を獲得し、その報告をしようと実家に連絡を入れると、誰も出ないのです。しばらく経ってようやく電話が繋がり、父が倒れていたことを教えられました。私が野球に集中できるよう、父は病状を伝えるなと母や兄に命じていたのです。

その日以来、私は「両親が生きているうちに親孝行しよう」と考え、プロに入ってからも、プレゼントを贈ったり、試合の合間をぬって実家に顔を出すようにしました。

ご両親が亡くなってから「もっと親孝行しておけばよかった」と後悔する人の話をときどき耳にします。でも私は、大学以来、「親孝行はしてきた」という気持ちがあるため、父が亡くなった時、ショックな出来事ではありましたが、父との関係性において、後悔はありませんでした。

これは、みなさんにもぜひ伝えたいことです。親孝行はご両親が存命のうちにできる限りしてあげてください。それが後悔のない自分の人生に繋がると思います。

実家に帰って、老いた父親の顔を見て、「オヤジも弱ったなあ」と感じることがあるかもしれません。それからでも遅くはないのです。別にプレゼントを贈る必要はありません。週に一度でも「元気?」と電話を入れるだけで、ご両親は〝孝行息子〟と感じてくれるはずです。

父は厳しい人でした。他界するまで、私の人生の師であり続けてくれました。私にも子供がふたりいますが、気がつけば父と同じように息子たちに接している私がいます。「兄弟仲よくするんだぞ」とやっぱり口癖のように言っています。

年上の兄というのは弟に比べて我慢を強いられることが多く、「お兄ちゃんなんだから我慢しなさい」と頻繁に言われたりした時には反発することもあります。弟は弟で甘え過ぎてしまう傾向にあります。実際、私がそうでした。だから父は、末っ子だからと甘やかさず、厳しく接してきたのだと思います。そのうえで、長男である兄には「しっかり弟の面倒を見るんだぞ」と伝えてくれていました。

これは桧山家なりの教育方針ですが、父の教えを守って私も兄とは良好な関係を築けていますし、それを自分の息子たちにも求めています。

この数年、私はシーズンの戦いを終えると、息子ふたりと一緒にキャンピングカーの旅に出ることを習慣にしてきました。最初は二泊三日で関西近郊を回っていたのですが、二〇一三年は十一歳になった長男と八歳になった次男と共に一週間をかけて九州一周を敢行しました。

一週間ほど前からどういったルートで回るか計画し、そこからは子供たちが仲よく行動を共にできるかを観察します。

シーズン中に見ることのできない兄弟のふとした触れ合いをチェックしています。

仲田's MEMORY

常に年長者を敬う桧山の姿勢は、彼のお父さんの教えでもあるようです。私も彼のお父さんにお会いしたことがありますが、ふだんはとても優しいものの、子供たちが礼に失する行動をした時には厳しく叱られたそうです。両親を大事にし、さらに年長の祖父母を大事にし、先祖を敬うこと。桧山家では、そういう現代では忘れられがちな躾も丁寧に行っていたようです。また、人の悪口を言わず、自分の失敗にいっさいの言い訳をしない桧山の前向きな姿勢も、こういったお父さんの教えからくるものではないでしょうか。

桧山の人づき合いや、他者に対して感謝する姿勢をよく表すエピソードがあります。引退が決まった時、私が紹介した、かつて一度しか会っていない人にまで、桧山は自分自身で引退の報告を行っていたのです。その真摯な様子に感動して、私に連絡をしてきてくれた人が何人もいました。人生に少なからぬ影響を受けた人物一人ひとりに感謝の気持ちを伝えられる人間性も、桧山が幼少期から培ってきたものであるはずです。

そして、桧山にとってお父さんは野球の師匠でもありました。プロ野球選手を目指していたというお父さんは、幼い息子が野球を志すきっかけを与え、息子がプロになってからも、桧山が思わずハッとするようなアドバイスを送っていたといいます。また、桧山がスタメンを外されていた時期、「お前、目が死んでいるぞ」と叱咤激励したという逸話《いつわ》も残っています。

桧山にとってお父さんは、生ける指針だったのではないでしょうか。

それゆえ、〇五年にお父さんが亡くなった時、桧山のショックは計り知れないものがあったはずです。葬儀では私も受付として手伝いましたが、一家の大黒柱を失ったショックの大きさを人前ではいっさい見せずに、気丈に振る舞っていた桧山が印象に残っています。

「男が泣いていいのは、親兄弟が死んだ時だけや」

それもお父さんの教えだったようですが、葬儀で挨拶した時も、桧山が涙を見せることはありませんでした。誰より悲しいはずなのに、そんな桧山の様子を見て、泣いてしまったのが私です……。私自身は家族と疎遠になってしまっていますから、どうしても桧山に感情移入してしまったのです。

13 自己肯定すれば人とぶつからない

人生においては、どうも相性のよくない人物や受け入れがたい意見を言う上司との出会いも避けて通れないだろう。桧山は、誰かの悪口を言うことは絶対にないと仲田は証言する。桧山は野球でも私生活でも、〝ぶつからない生き方〟を貫いてきた。協調性があって周りに愛される人ほど、長い間一流でいられるものだ。

桧山's HISTORY

社会に飛び出したばかりの新人にとって、大事な姿勢は先輩の仕事ぶりを〝真似る《まね》〟ことではないでしょうか。芸術家であろうがスポーツ選手であろうが、あるいは会社員であろうが、「成功への第一歩は模倣から始まる」と思います。

私は子供の頃、遊びのなかでプロ野球選手のバッティングフォームを真似することで、いつの間にか野球が上手になっていきました。そういった姿勢は、プロでも大事だと思います。最初は模倣からスタートし、それで失敗したらまた振り出しに戻ればいい。失敗に終わっても、必ず次のステップでは糧《かて》となっているはずです。

〝他人を真似る〟ことと共に、〝自分を好きになる〟ことも大事です。

プロ野球選手は、サイン会やイベントなどで、メッセージを求められることが多い職業です。そういう時、私は「自分のことを好きになってください」と告げるようにしています。

まず自分のことを好きにならなければ、他人を好きになることはできない。私はそう思うのです。

たとえば人生の大きな岐路《きろ》に立たされた時、私の野球生活で言えば、一九九九年にレギュラーの座を失った時、「なんてオレはダメなヤツなんだ」と自己嫌悪に陥っていたら、次のステップに踏み出すことはできなかったと思います。そんな時、「壁にぶつかって悩んでるオレのことも好きや」と思うことで必要以上に悩みのスパイラルにはまることなく、気をラクにして「オレならこんなことができるかもしれない」「あんなことができるかもしれない」と自分がやれることを考えられるようになり、道が拓けた経験があります。

つまり、自分のことを好きでさえいれば、壁にぶち当たった時、「これを乗り越えられたらもっと大きな自分に成長できる」と考え苦難に立ち向かっていくことができると思います。

仲田's MEMORY

二〇一一年のシーズンオフのこと。京都市内で自身が企画する子供たちとのイベントに参加していた桧山が、鎖骨《さこつ》と肋骨《ろっこつ》を折ってしまったことがありました。オフにケガをするなんてプロ意識に欠ける事態かもしれませんが、鎖骨を折ってしまった経緯は、常にファンを大切にする桧山らしいものでした。

ボール遊びをしていた桧山が女の子を抱きかかえて持ち上げた瞬間、つい足を滑らせてしまった。前日に雨が降り、どうもグラウンドがぬかるんでいたようなのです。このまま倒れてしまったら女の子をケガさせてしまうかもしれない。咄嗟《とっさ》にそう思った桧山は、女の子を守るために、自分の肩から地面に倒れたそうです。その結果、鎖骨と肋骨を折ってしまった。女の子にケガがなかったのは幸いでしたが、桧山にとって骨折は、選手生命の危機に繋がります。

その夜、私は桧山の奥さんから電話をもらいました。

「主人がケガしてしまったんです」

「エッ、大丈夫なん？」

「うん……ちょっと、まずいかも。鎖骨が折れてしまってね」

「ほんま⁉」

電話の向こうから、桧山のうめき声が聞こえてきます。桧山自身が報告したかった様子でしたが、痛みで喋ることもままならなかったのです。

「ちょっとだけ、主人に代わりますね」

奥さんがそう言うと、電話口に桧山が出ました。

「明日のスポーツ新聞でニュースになるやろうから、その前に健ちゃんには報告しておこうと思って。こんな状態やから、グアムキャンプは難しいかもしれんわ。肋骨も折ってしまって、飛行機の座席に座ることも難しいかもしれへん」

「じゃあ、来年は国内キャンプにするか」

「いや、それはいい。オレだけならいいけど、健ちゃんを頼っているアスリートが、もうグアム行きの準備をしているやろ。オレがいなくてもグアムキャンプはできるけど、健ちゃんがいないとできへんやろ」

「そりゃあそうかもしれんけど」

「それとな、見舞いは来んでええからね。じゃあ、切るわ」

その日、私は他の競技の選手に同行しており、地方にいました。私にケガを報告すれば、スケジュールを無理にでも調整して見舞いにやってくるということを桧山はわかっています。だから自ら見舞いを断ったのです。

桧山は自分に関係する人間が、予期せぬ事態にどういう行動に出るかわかっている。だからこそ、気を遣って、新聞報道より先に連絡を入れ、お見舞いという行動に出るであろう私を制したのです。

常に人と〝ぶつからない〟人間関係を築いている桧山らしい心遣いです。

また桧山は誰かに注意を促したり、間違った姿勢を指摘したりする時の言葉の選び方が抜群にうまい人間のように思います。相手の立場を慮って、相手が〝反感〟を持つことがないような言葉を選ぶのです。

誰かに意見を言う時はどうしても〝衝突〟が起きるものです。衝突すれば人間関係に小さなヒビが入り、そのまま放っておいたら大きな亀裂《きれつ》に発展するかもしれません。

もし相手がチームメイトなら、チームの士気にかかわる問題になることも考えられます。

人間関係における〝ぶつかり〟を回避し続ける桧山の姿勢には、学ぶべきところが多いはずですし、彼がいずれ指導者になったときに、より活かされるのではないでしょうか。

私と意見がぶつかり合ったことは、ほとんどありません。「しんどいからやりたくない」というような理由でトレーニングを怠ったことも一度もありませんでした。トレーナーとしてこれほど指導しやすいアスリートはいません。むしろ放っておくといつまでもトレーニングをしてしまうため、やり過ぎに常に目を光らせていなければならないくらいでした。

私がこれまで指導してきたアスリートのなかには、「きついから」とか「厳しいから」という理由で、練習を怠るアスリートもいました。

私はアスリートをいじめようと思って、厳しいトレーニングを課すわけではありません。その選手に必要と思われるからこそ、時に鬼になって指導するのです。それでも、私のトレーニングについていくことができず、離れていく選手も多い。そのたびに私は思います。

「プロとしてスポーツで飯を食っているんだから、ごちゃごちゃ言う前に、やることをやってほしい」

トレーニングだけでなく、挨拶のできない若手選手に「きちんと挨拶しなさい」とも指導します。学生ならまだしも、社会人の年齢に達しているアスリートからしてみれば、学校の教師のようでうっとうしいかもしれませんが、スポーツの世界も人間関係を構築することが求められますし、そのためには最低限の礼儀作法は身につけなければなりません。ですから、老婆心《ろうばしん》ながら若手にも注意するのです。

確かに私は厳しい要求をすることがありますし、口うるさいことも言います。しかしそれはその選手を思ってのこと。いわば期待の裏返しです。それにずっと応え続けてくれたのが桧山でした。

他の選手に対して、桧山のような心構えや姿勢を求めてしまう。それゆえ、私はどうしても厳しい言葉を投げかけてしまうようです。私も桧山のような〝ぶつかり〟を生じさせない言動を見習うべきかもしれません。

14

当たり前のことを、当たり前にやり続ける

野球選手に限らず、成功しても おごらず、失敗しても腐らず、ただ淡々と自分の道を邁進《まいしん》するのが一流だ。それには、日頃から〝普通のことを普通に〟の精神を持ち続けることが大事だろう。また、人間、嫌いなことや苦手なことはどうしてもある。けれど、それを避けていては何も始まらない。そこをあえてチャレンジすることで、必ず将来大きな花を咲かせることができる。一流の人とは、常にそういったことができる人でもあるのだ。

桧山's HISTORY

優れた選手というのは、〝スランプ〟の期間が短いものです。コンディションの波が小さい選手ほど、安定した成績を残すことができます。たとえ調子が悪くてヒットが出なくても、フォアボールを選んで出塁するような選手が、私の思う好打者です。さらに、三打席目までにヒットがなくても、最後の第四打

席、第五打席でヒットを打てる選手が、高打率を残す選手のようにも思います。

また、大差がついている試合は、終盤に入るとどうしても集中力が欠けてきてしまいます。全力プレーを心がけていても、大量リードしていれば大味なバッティングをしてしまいがちですし、逆に大量にリードを奪われていたら、どこか気分が消化試合になってしまうものです。しかし、一流選手は、そういった試合でも、自分のバッティングを貫けるのです。

首脳陣もこういう計算が立つ選手のほうが起用しやすいでしょう。企業にあっても、最後までプロジェクトを任せられる人間というのは、一見調子が悪そうに見えても必ず最後には成功まで導いていくものだと聞いたことがあります。

調子が落ち込んだ時は、ふだんやらないことや、新しいことに挑戦しようとしがちです。もちろんそれが功を奏《そう》することもありますが、最低限の生活のサイクルやリズムは保つ必要があると思います。調子が悪いからといって暴飲暴食に走ることなどもっての外《ほか》です。

私の場合、練習のルーティンは、入団三年目ぐらいからほとんど変わらず、練習のサイクルも同じです。ナイターの日は十二時前には球場に入り、全体練習の前にストレッチや準備運動を入念に行って身体を温めます。全体練習をこなし、試合を戦い、ゲームセット後も球場に残って素振りやマシンの球を打っていました。

毎日、同じ練習を繰り返すことで、体調に変化があれば、それに気付くことができたからです。ですから、いくら調子を落としていても、ルーティンを変えることはありませんでした。

同じことを毎日続けるのは、毎日、異なる生活サイクルを送るより難しい作業です。けれど、生活のリズムが一定でなければ、グラウンドで百パーセントの力を発揮することは不可能だと実感していました。

生活サイクルを守ると同時に、私は〝嫌いなモノ〟〝苦手なモノ〟を作らないようにしてきました。仲田とのトレーニングで言えば、きつい砂浜でのダッシュも行いましたし、野球で言えば苦手な一塁手にも挑戦しました。日常生活でも食べ物の好き嫌いを作らないように心がけていました。

苦手なモノを避けて通ることは、野球選手として逃げることであり、人生から逃げることと思っていたからです。人生から逃げていたら、幸福な生活などできません。むしろ苦手なことを克服した時にこそ、大きな幸福が待っている。現役を引退した今でも、そう信じています。

野球しか知らない私が言うのもおこがましいのですが、企業などでも、なるべくなら苦手な上司を作らないほうがいいのではないかと思います。誰にでも同じ気持ちで接するのは難しいかもしれませんが、苦手な人との仕事でも何か打ち解けるきっかけを探してみてはどうでしょう。それが結果として、仕事での成功を導くのではと思うからです。

仲田's MEMORY

トレーナーである私が思う一流選手とは、〝当たり前のことを当たり前にできる〟選手です。

スポーツは、練習しなければ上達しません。練習やトレーニングは、アスリートにとってはやらなければいけない当たり前のことです。努力しない選手は、絶対に一流になることはありません。天才と呼ばれるアスリートも、必ず努力の裏付けがあるのです。

自宅にマシンを置き、毎日淡々とトレーニングに励んできた桧山ですが、本来は彼も、ウエイトトレーニングは大嫌いなのです。「もう嫌や〜」と言いながらも、野球に必要なことだからこそ、〝普通のこと〟として日々の生活のなかに組み込んできたのでしょう。その「これだけ練習してきたんだから」という裏付けが、チャンスで打席に立った時の自信に変わるのです。

また、一流選手の共通点としては、ある意味で幼児性が抜けていない点も挙げられるかもしれません。たとえば小さな子供がおもちゃで遊んでいると、周囲の声も届かなくなるくらいに集中し、満足したら電池が切れたようにパタンと眠ってしまうようなことがありますね。それと同じで桧山も、練習や試合中は集中して自分の世界に閉じ籠もり、周囲の声が届かなくなるようなことが頻繁にあります。それだけ集中していれば練習の効率も高まりますし、試合中はより力を発揮できるようになるのです。

スポーツの世界には、〝ゾーン〟という言葉があります。試合という極限状態のなかで、集中力を研《と》ぎすまし、持てる力を最大限発揮できる心身の状態を言います。

順天堂大学の小林弘幸先生によると、「脳内で交感神経が高まり、同時に副交感神経も優位にある状態」がゾーンと呼ばれる状態だそうです。

交感神経というのは、緊張したり、テンションが上がったりした状態の時に活発に働きます。交感神経が高まり過ぎると過緊張になってしまったり、力んでしまったりして、百パーセントの力を発揮することはできません。一方、副交感神経というのは、リラックス時に働く神経です。副交感神経が高まり過ぎると心身が弛緩《しかん》してしまって、これもまた力を発揮することができなくなります。要は交感神経と副交感神経が適度に働く状態――緊張を保ちながらもリラックスした状態であれば、いわゆるゾーンに入り込みやすいということです。

桧山も、打席に入る時はそういう心身状態に近いのではないでしょうか。「代打、桧山」のアナウンスをきっかけに、いつの間にかゾーンに入っていく。そして、打席で持てる力を最大限発揮する。

柔道の野村忠宏選手は、主審の「はじめ」という開始の合図で、集中力が高まると言います。またゴルフの石川遼選手などは、テレビ中継が行われる（つまり大勢の注目を集める）後半のホールで集中力をより発揮し、バーディー率が高くなります。桧山や野村選手、石川選手に共通するのは、三人が三人とも「I love me」であること。野村選手はアンケート用紙の趣味の欄に、「自分」と書くほどです。それくらいに自分を信じられ、自分を好きでいられるからこそ、どれだけプレッシャーがかかろうとも、必要な時に無意識のうちに、ゾーンの状態にスッと入り込めるのかもしれません。

特別身体が大きいわけでもなく、誰よりも足が速いわけでもない桧山が四十四歳になるまで現役を続けられたのは、継続する能力、努力する能力に加え、こういったメンタル部分が秀でていたからだと思います。メンタルが秀でているというのは、思考パターンを豊富に持っているということ。どう物事を観察し、考察し、どう現実を受け止め、どのように対処するのか——つまり今の自分に何が必要かを見極める思考パターンを豊富に持っているからこそ、幾多の試練を乗り越えてきたのでしょう。

苦境に陥った時、そのことにばかりとらわれるのではなく、常に自分を信じて前向きに気持ちを切り替えられる、豊富な思考パターンを持つ選手が、メンタルの強い選手なのです。

15 出会いから学んだ〝人間力〟の大切さ

信頼できる上司や、成功している人との出会いは、誰にとっても得難いものだ。また、そういった人たちからのアドバイスを聞き、さまざまな方面から〝人間力〟をつけることは、どんな世界においても必要なことである。

桧山's HISTORY

ビジネスマンの方は、ある程度、仕事を続けていると、「自分はこのままでいいのか」と考える時期があると耳にします。それなりに仕事もできるようになり、さらなる高みを目指していこうという時に、「この会社でいいのか」「この仕事でいいのか」と、転職なども含めて今後の人生を考えるのだそうです。

プロ野球選手であった私にも、そのような時期がありました。

二〇〇三年、私がＦＡで悩んでいた時のことです。遠征先の横浜のホテルで、私は星野監督の部屋に呼ばれました。

「契約の件、お前はどう考えているんや」

ずばり、私の悩みの核心を突いてきました。そこで、敬愛する星野監督ならば、よいアドバイスをくださるのではないかと思った私は、率直に自分の悩みを相談してみたのです。

「オレがお前の代理人をやってやる」

本来、監督に移籍の相談をするなんて、球界の常識からすれば考えられないことです。でも、星野監督ならきっと自分の気持ちをわかってくださる――そう思って打ち明けたことでしたが、想像以上の言葉をいただきました。監督の男気を感じた瞬間です。さらに監督は、こう続けました。

「ええか、契約を交わすときは、絶対に怒るな。怒ったら必ず負けや」

あの時、星野監督が力になってくださったから、阪神生え抜きの選手として、二十二年間もやってこられたのだと思います。信頼できる監督とめぐり合えたことを、本当にありがたく思ったものです。

人との出会いは、人生の宝物です。

この頃から私は、タイミングよく実業家の方々と出会うことが多くなり、自分としても積極的にその方々から人生のアドバイスをいただくようになりました。そのなかのある方が、ある時こんなことをおっしゃいました。

「年を重ねた人間というのは、若い人と違って懐《ふところ》が深いものだ。トップの人間というのは、金儲けや自分のことばかり考えているわけじゃない。部下一人ひとりのことを考えていくなかで、組織全体をまとめようとしているんだ」

まさに、星野監督が私にしてくださったことです。このような言葉をうかがった時、プロ野球の世界もビジネスの世界も同じなのだと初めて実感しました。

ビジネスマンの方が仕事での経験を通して成長していくように、プロ野球選手は野球を通じて人間力を身につけなければなりません。そういったことは、技術的に〝うまくなること〟だけを考えて野球に向き合っていては、身につかないように思います。パフォーマンスだけではなく、さまざまな視点から物ごとを考える柔軟性や、他の選手やチーム全体のことを考えられる想像力なども身につけていかなくてはならないと、ありがたいアドバイスをくださる方々から学びました。

私が実業家の方々とお会いするようになってから、仲田には「日本にあるトレーナーの資格は、何でもいいから取得していたほうがいい」とも伝えていました。

「日本の社会は資格が大事なんや。たとえば、企業のバレーボール部が仲田健というトレーナーを起用したいと考えたとするやろ。でも、現場がいくら健ちゃんを推薦したとしても、雇うかどうかを決断するのは企業のお偉いさんや。いくら健ちゃんに技術と人望があったとしても、偉い人が選ぶのは、資格をきちんと持っている人や。資格があるからこそ、大事なチームを任せられるというものなんやから。だから、取れる資格は何でも取っておきや」

「うん、そやな。まあ、がんばってみるわ」

偉い立場の人は、たくさんの部下に対して責任を持っている。そういう人から信頼されるためには、いわゆる〝資格〟というものが、社会においては武器になると思って、仲田に伝えたのです。

私は自分だけ成功したくはなかった。二人三脚で切磋琢磨してきた仲田にも結果を出してほしかったのです。

仲田's MEMORY

前項で、〝普通のことを普通にできること〟が一流選手の条件と書きましたが、協調性があることもまた、一流選手の条件ではないでしょうか。

桧山は人づき合いに壁を作らない人間です。それはチームメイトに対してだけではありません。上司である監督やコーチ、あるいは球団スタッフに対しても同じで、常に協調性を持って良好な関係を築こうとします。幼少期から野球一筋で生きてきて、周囲からちやほやされ個人主義に走る選手が多いなか、桧山のような存在は希有《けう》ではないでしょうか。

桧山が選手会長だった時に、選手たちの声をまとめ、代表してフロントに意見を言ったことがあるそうです。ところが、詳しくは私もわかりませんが、球団側にも事情があって、その声を実現させることができなかった。その時、桧山は球団側の事情をよくよく聞いて理解すると、今度はその意見が通らなかった理由を選手に納得してもらえるように伝えたそうです。

球団関係者に選手の代表として意見を述べ、それが実現できないと理解するや選手たちに球団側の事情をきちんと説明する。そうやって事態を丸く収めたわけです。なかなかできることではないでしょう。

何度も繰り返しますが、桧山は悪口も陰口も言わない人間です。心を閉ざすことなく、常に開放しています。本人は、我慢している時もあると言いますが、それを絶対に表に出さないのです。全アスリートの手本のようなこの姿勢を見ていると、野球選手ではなく会社員になっていたとしても、成功を収めたのではないかと感じます。

そんな桧山に一度、私は褒《ほ》められたことがあります。立命館大学のアメフト部が日本一となり、陸上の新井初佳《もとか》選手（現姓・小島）が陸上女子短距離の百メートルと二百メートルで日本記録を出したり、ボクシングの名城信男選手が世界チャンピオンになったりと、私が指導したアスリートが続けざまに結果を残していた時期のことです。

「健ちゃんはアスリートに結果を残させるのがうまい！」

しかし、こう付け加えることも忘れませんでした。

「でも、自分の弟子を育てるのはへただよね（笑）」

それは私も自覚しています。アスリートの力を引き出すことには、ある程度の自信を持っていますが、スポーツトレーナーになることを夢見て私の元にやってきた新人トレーナーへの教育が、どうも苦手なのです。これまでたくさんのスタッフを雇いましたが、なかなか長続きしないのを桧山は知っていますから。

私も桧山の協調性を持つ姿勢や、組織を束ねていく姿勢を見習わなければなりません。

16 異業種交流で見つけること

どの世界でも、活躍している人には共通するものがある。違う世界にいる人からも、自分に取り入れられることは貪欲《どんよく》に学ぶべきだ。また、そこで出会った人たちと、お互いに刺激を与えられる存在になれれば、より人生の伸びしろは増えていく。

桧山's HISTORY

二〇〇一年からスタートしたグアムキャンプは、結局、引退する一三年シーズンまで続きました。最初は仲田とのふたりきりでスタートしましたが、年々、参加するアスリートが増えていき、一三年には三十人ぐらいの大所帯となりました。

野球選手以外のアスリートで、初めてグアムキャンプに参加したのが、ボクシングの名城信男選手でした。名城選手とは関西国際空港で初めて会った時、

「えっ、こんな男とトレーニングするのか」

と腰を抜かしました。何せ、坊主頭にサングラスをかけ、ズボンは腰ばき。「よろしくお願いします」と丁寧に挨拶されましたが、明らかに私がそれまでつき合ったことのないタイプの男でした。つい仲田に「大丈夫？」と確認したぐらいです。すると、仲田は「ああ見えて、いい子やから」と。

名城選手が世界チャンピオンになる前で、駆けだしの時期でした。初対面の時はその出で立ちに驚きましたが、グアムで彼がトレーニングする姿を見て、とても感心したことを覚えています。私は当時からトレーニング量については誰にも負けないと自負していましたが、彼にはかなわないと思うぐらいのハードな内容をこなすのです。「ボクシングって、こんなしんどい思いをしないと勝てないのか」と思ったほどでした。

いかつい顔の男が、

「もう嫌や！　帰りたい！」

と子供のように叫びながら、砂浜でのダッシュを繰り返すのです。仲田の飛ばす檄《げき》も、私に対するものとは大違い。

「そんなんで勝てると思っているのかー！　早く走れコラー!!」

百メートルの距離を十五秒かけて走り、シャドーボクシングを十五秒行う。それを六回繰り返して一セット――ちょうど時間にして三分というボクシングの一ラウンド分の時間です。

この三分のサーキットトレーニングを、一分のインターバルを挟んで、名城選手は延々と繰り返すのです。私もつき合ったことがありましたが、一ラウンドで音を上げてしまいました。

ここまで過酷なトレーニングを要求する仲田が、私は鬼に見えましたし、それに素直に従う名城選手からは「人は見た目で判断してはいけない」ということを学びました。心の強さ、そういったものが名城選手にはありました。ですから、後年、世界チャンピオンにもなれたのではないでしょうか。

その年、私は彼の試合の応援に行く機会がありました。もはや彼には同志のような気持ちが湧いており、リングに上がった彼に対しては「とにかく無事でいてくれ」と祈るような気持ちで見ていたのです。

リングの上には、グアムの時に泣きわめいていた子供のような姿はありませんでした。終始、冷静に戦っているように見受けられたので、その試合で勝利した彼に、私はこう聞いたのです。

「リング上で殴られて、頭に血が上ることってあらへんの？　あんなに冷静にボクシングなんてできるもんなん？」

するとと彼はこう返しました。

「冷静でいるのが一番いいんです。殴られてカーッとなったら、セコンドの声も聞こえませんし、冷静な判断ができないと勝てないんで」

私は試合に臨む際は適度な緊張を持ちながらリラックスしていると42ページで書きましたが、それはボクシングでも同じと理解しました。

また女子プロゴルファーの金田久美子選手は、アスリートに重要な〝素直さ〟を持っている選手です。ギャルファーと呼ばれるほどイケイケファッションに身を包む彼女ですが、私たちのトレーニングに参加しても、いつも礼儀正しく、真剣にトレーニングをしています。そして、年配の私に対しても気兼ねなくいろいろ質問してくるのです。異なるスポーツの先輩から、何か学ぶことがないか探す——そういう姿勢を持ったアスリートは必ず成功に近づいていけるはずです。

スポーツ選手同士の交流ではありますが、競技が違うと求められることも変わってきます。それでも第一線で活躍している彼らには、どの世界でも通用する〝胆力〟のようなものがあり、それを感じることで私も常に刺激と感動をもらっていたように思います。

引退後も、このグアムキャンプへの参加は続けていこうと思っています。スポーツ選手ではなくなっても、〝体技心〟で最も大事な体作りを怠れば、他の仕事で結果を残すことはできないと思いますし、現役のアスリートと接して刺激も受けたいのです。ただし、トレーニングの量は減少し、現役時代のように、言葉を発することもできなくなるまで、自分を追い込むことはなくなりますが。アスリートではないので、それくらいでちょうどいいのかもしれません。

私は仲田と一緒に〝お目付役〟として、トレーニングするアスリートたちに檄を飛ばしたいと思います。いや、本心を言えば、私自身が彼らから勉強するために参加するのです。

仲田's MEMORY

最近、私が指導する女子プロゴルファーの金田久美子選手と会話をしている時に、ことわざの質問をしたことがありました。

「『継続は――』に続く言葉は何？」

「疲れる」

大爆笑です。もちろん正解は「継続は力なり」ですが、彼女もグアムキャンプに参加し、桧山の〝継続力〟を目の当たりにするうち、刺激を受けていたのかもしれません。彼女なりに継続してトレーニングに励んでいるものの、それはやっぱり疲れること。ことわざとしては間違っていますが、身体を駆使《くし》して生き抜いていくアスリートにとって真理ではないでしょうか。

十年以上にわたって一月の自主トレキャンプを行ってきたグアムは、桧山とのトレーニングで最も印象深い場所です。自主トレを行った施設は、開始当初はバブル崩壊の余波で工事が滞っており、まさしくお化け屋敷のような暗い場所。決してトレーニングに適した環境とは言えませんでした。ライトがないなか、桧山と街灯を頼りにキャッチボールをしたことは、今となっては苦笑と共に甦《よみがえ》る思い出です。野球のボールも私たちが持ち込んだ数十球しかありませんでした。ふたりでコンドミニアムに寝泊まりし、毎朝七時から砂浜を走り、日中は基礎的なトレーニングに加えて、野球の練習を行います。コンドミニアムに戻って食事をとったあと、桧山は夜九時になっても素振りをやめませんでした。

翌年から少しずつ参加選手が増えていきました。工事の再開と共に練習環境も整っていき、参加選手も、最終的には三十人に達したのです。野球以外のアスリートも積極的に参加するようになりました。レーサーの脇阪寿一さんやプロボクサーの名城選手をはじめ、多くのプロゴルファーたちです。

この合宿中ではありませんが、私が立命館大学のアメフト部の選手たちを見ていた時には、桧山はアメフトのボールに着目し、野球のボールとは勝手の違うアメフトのボールで肩を作り、指先の微妙な感覚を確認したりしていました。アスリートが異なるスポーツに挑戦するのは、気分転換になりますし、ふだん使っていない筋肉を使うことにも繋がるため、思わぬ効果を生むことがあります。私が石川遼選手のトレーナーを務めていた頃は、ゴルファーである彼の練習にスキーやフットサルなどを取り入れたりしていました。

柔道の野村忠宏選手が初めてグアムキャンプに参加してきた時のこともよく覚えて

います。彼はオリンピックを三連覇する間、器具を使ったトレーニングなどを行わず、ほとんど柔道の練習だけで身体を作っていました。ところが三十代半ばになり、長く現役を続けるためにもトレーニングの必要性を感じてさまざまなトレーナーのもとに足を運んでいたようです。

しかし、彼は三つの金メダルを持つ男です。どこに行っても、周囲が彼に気を遣ってしまって、腫れ物に触るような扱いを受けてしまう。オリンピックを三連覇している彼にとって、それは〝刺激〟のある環境ではなかったようです。

たとえ金メダリストであっても、私は特別視することはありません。他の選手たち同様に接し、厳しいトレーニングを課し、彼がへこたれそうになれば檄を飛ばしました。

それが彼には居心地がよかったのかもしれません。また、金メダルを三つも獲った男が、三十代後半になっても現役でがんばっている。そういう姿を見れば、若いアスリートたちが刺激を受けないはずがありません。

正直、三十人もの大所帯ともなれば、私の手が回らない面も出てくるのですが、いろいろなスポーツの選手が集まることによる副次的な効果は計り知れません。

桧山は一三年シーズンを最後に現役を引退しましたが、一四年もグアムキャンプは続き、桧山も参加しました。

「オレは監視役であり、このキャンプの監督や。それにな、ゴルフのトレーニングもしたいねん」

確かに、現役選手だった前年よりはトレーニングの量も少なめでしたが、参加していたオリックス・バファローズの選手を相手にキャッチボールなどもしていました。マイペースで過ごすことができたためか、楽しそうにトレーニングをしていましたが、やっているうちに「もっと、もっと」と身体が反応していって夢中になる、アスリートとしての顔がまだ残っていました。

第4章 代打の神様と呼ばれて

17

置かれた立場で必要なことを見極める

三十五歳になった二〇〇四年シーズンは自己最多となる八十四打点を挙げ、キャリアの絶頂期と言えた。しかし、〇五年以降、出場機会は再び減少の一途をたどっていく。寿命の短いプロ野球選手は、一般の人よりも早くに、若手の突き上げを受け、また加齢による衰えとの戦いを強いられるはずだ。桧山は自身の肉体とどう向き合っていったのか。

桧山's HISTORY

星野監督のあとを受けて、二〇〇四年シーズンから岡田彰布《あきのぶ》監督が指揮官に就任しました。

野村監督の時代にデータを駆使した考える野球が阪神に浸透し、星野監督の時代に勝つ喜びを知って、阪神はBクラスが定位置だった暗黒時代に比べて大人のチームへと変貌したと思います。片岡選手や金本選手、矢野燿大《あきひろ》選手などベテランが牽引《けんいん》し、投手陣も藤川球児選手がリリーフ陣の中心になっていこうとしていました。私はセ・リーグ制覇を達成した〇三年まで選手会長を務め、〇四年シーズンからその任を今岡誠選手に託しました。いわば、ちょっとしたお目付役の立場になったのです。

選手としては〇四年はレギュラーとして出場していましたが、〇五年以降、外国人選手と併用されることが多くなっていきました。右投げの投手が先発の時は私がライトに入り、左投手の場合は外国人選手が起用されるのです。

年齢も三十六歳にさしかかっていました。プロ野球選手としては確かにベテランに分類される年齢ですが、私は肉体的な衰えは感じていませんでした。仲田と共に誰よりもトレーニングを積んできていましたから、多少、年を重ねたからといって、衰えが顕著《けんちょ》になるようなことはなかったのです。

しかし、ゲームに出場する機会が減れば、それだけ一日の運動量が減少します。ですから、試合前の個人練習、そして全体練習でより多くのトレーニングを行わなければなりませんでした。

〇四年まで阪神には代打の切り札として八木裕さんがいらっしゃいました。当時、私は代打として起用されても、八木さんのようにチームの力にはなれないのではないかと考えていました。

というのも私は、自分は打って、守って、走ってこそ、パフォーマンスを発揮できると思っていたのです。八木さんのように、一打席に集中し、結果を残すことは自分のようなタイプの選手には無理だというのが正直な気持ちでした。

チャンスの場面で、「代打、八木」がコールされると、甲子園球場には地鳴りのような大歓声が沸き起こります。独特の緊張感が漂うなか、選手やファンの「ここで試合を決めてほしい」という思いを一身に集めたうえで、八木さんは結果を残してきました。わずか一打席で結果を残す八木さんのような活躍は自分には厳しいと思っていたのです。

ところが、〇五年にスタメン出場が減少し、春のオープン戦でふくらはぎをケガして出遅れてしまった翌〇六年は、シーズン直前の戦線離脱ということで完全にポジションを失って、一軍に合流した時には〝代打の切り札〟という立場になっていました。

自分の置かれた立場に、戸惑いを覚えたのも事実です。

仲田's MEMORY

ちょうど岡田監督時代の出来事だったと思います。シーズンが終わり、甲子園球場のロッカーに置いてあった荷物を取りに行く桧山に付き添ったことがありました。関係者入口からなかに入ると、彼は球団スタッフだけでなく、甲子園を管理している方々や警備員のみなさんに挨拶をしていきます。そして球団関係者のひとりに、心配そうな表情でこう声をかけていました。

「奥さんの体調があまりよくないと聞きましたが、大丈夫ですか？」

プライベートに踏み込む話題なので、聞き方にも気を遣わなければいけません。おそらく桧山も、「この人なら聞いても大丈夫だ」というような判断を下していたと思います。しかし、スタッフの奥さんの体調まで気遣う野球選手が他にいるでしょうか。そんなふうに、阪神を支えるすべてのスタッフに気を遣う桧山ですから、彼のトレーナーを務める私のような外部の人間も、球団は快く球場に迎え入れてくださいました。

その日、私が球場関係者に挨拶していると、こんなことをおっしゃる方がいました。

「あれだけのスーパースターが、私らのような裏方の人間一人ひとりにまで挨拶してくれる。あなたもよい人に恵まれましたね」

私は桧山と同い年ですが、こういう人間力に関しては、まったく勝てる気がしません。競い合うものでもないかもしれませんが、彼の人柄のよさ、優しさ、器量の大きさ……そういったものは誰もが見習うべきことのような気がします。

一度だけ、私は桧山にこんなことを聞いたことがあります。

「なんでそんなに人間ができてんの？」

「別に人間ができているとは思わんけど、オレのほうが健ちゃんより我慢する練習をいっぱいしているんちゃうかな」

野球選手として一生懸命努力しても、結果を残せない時期はどうしてもあります。いくら桧山ほどのベテラン選手であっても、チームの負けが込めば、阪神ファンのヤジを浴びせられます。そういう時期は、我慢するしかない。我慢しながら、これまで築き上げてきた日々のルーティンを繰り返すしかないのです。

また、家庭のなかでも我慢はつきものです。彼は悟ったようにこう言います。

「疲れて帰ってきた時、嫁に小言を言われたり、子供たちが騒いでいたら、イライラして文句のひとつも言いたくなることもあるけど、嫁や子供たちはオレが不在の間も家庭を守ってくれている。もし意見を言いたいことがあっても、嫁たちの感情を逆撫《さかな》でしないような言葉で伝えなあかん。それって、社会における人間関係も同じやろ。家庭は社会で生きていくための訓練の場でもあると思うし、そう思っていれば意見の食い違いや子供たちのわがままだって我慢できる」

桧山が再びスタメンを外れるようになった時期、私のトレーナー人生も大きな転機にさしかかっていました。

私は二〇〇七年五月に十五歳という若さでプロのトーナメントで優勝したゴルファーの石川遼選手と専属トレーナー契約を結ぶことになったのです。ゴルフのシーズン中は、全国を転々としますし、時には海外のトーナメントに出場することもある。それまでのように桧山のトレーニングに付き添うことができなくなるのは明らかでした。

契約の前には桧山にも当然、相談しました。

「今までみたいにシーズン中は同行できないけど、どうしたらいいかな」

「これは健ちゃんにとって大きなチャンスやと思う。これまでのトレーニングで、だいたいやるべきことはオレもわかっているし、シーズン中は自分ひとりでもできると思うし。ぜひやったらいい」

その言葉を聞いて、私も石川選手のトレーナーを務める決意をしたのですが、契約にあたってひとつだけ条件を出させてもらいました。それは十一月から一月の、プロ野球選手の自主トレ期間と春季キャンプ期間だけは、桧山とのスケジュールを優先するということです。その条件を受け入れていただき、私はプロゴルファーとなっていく過程の石川選手のトレーナーを務めることになったのです。

私が石川選手のトレーナーを務めた〇七年末から十二年までの間、桧山との間には一定の距離ができましたが、桧山進次郎というアスリートをより客観的に見られるようになり、改めて彼の希有な才能を思い知ることになったのです。

18 個人ではなく、チームの結果を

勤続年数が長くなれば、若手にチャンスを与えるためにも、第一線の現場から離れざるを得ないこともあるだろう。するとモチベーションを維持することも難しくなる。それでも、組織のなかに居場所を見つけることが大事だ。桧山の場合、試合終盤の代打が晩年のポジションとなっていった。チームが強くなるために、組織のなかで自分をどう活かすか、活かされるかが継続できる人間の力である。

桧山's HISTORY

野球選手としては、初回から九回まで、ずっとグラウンドに立ってプレーすることが理想です。それは私のような野手だけでなく、投手も同じでしょう。打者なら自分のバットでチームを勝利に導きたいし、投手なら完投して最後まで投げきりたい。しかし、私の立場はそれが叶わないものとなっていきました。野村監督時代にレギュラーの座を失った時は、単純に私の実力不足が原因でした。

ところが、二度目の代打稼業は、私の実力がレギュラーに相応しくないこともあるでしょうが、それにプラスしてベテランという立場が大きく影響したと思います。もし実力が同じ程度なら、首脳陣は将来のことを考えて若手を使いたくなるものなのですから。将来のタイガースを考えて、私も現実を受け入れていました。個人的な想いばかりを優先していたら、球団からすぐに戦力外を告げられていたかもしれません。

選手会長を離れても、私は自然にチームの勝利、チームの将来のことを考えるようになっていました。なぜそういう姿勢を維持できたのか。これは、会社員の方が愛社精神を持つことと同じような、阪神に対する愛情なのかもしれません。子供の頃から憧れていた球団に入ることができ、生え抜きとしてタテ縞のユニフォームを着続けることができた。熱心なファンの方には時としてヤジられることもありましたが、その阪神ファンが私を育ててくれたという想いもあります。

また、広島から移籍した同い年の金本選手に、こんなことを言われたことがあります。

「オレらみたいな外から来た選手ばかりが活躍するような阪神じゃあかん。生え抜きがぜんぜん育ってないやろ。若手を厳しく指導するのはオレじゃない。ひーやんが、タイガースの生え抜きを育てなあかん」

そういった言葉は島野さんや、金本選手と同様、移籍組だった捕手の矢野燿大選手にもかけられていました。移籍してきた選手たちも、阪神というチームに強い想いを持っていたのだと思います。私は自分では気がつかないうちに、阪神の選手であると同時に、阪神の将来を考えて行動しなければいけない立場の人間になっていました。

代打に専念するようになり、いつしか、私は八木さんに代わって「代打の神様」と呼ばれるようになっていました。光栄に思う反面、やっぱり八木さんのような活躍は難しいものです。

わずか一打席で結果を残さなければいけない難しさは当然、あります。いつ代打を告げられるかわからないので、集中の仕方がスタメン出場時と大きく違うのです。「代打、桧山」のアナウンスがあってから集中力を高めようとしても間に合いません。また、試合終盤、いつかいつかと集中力を持続させるのも難しいことです。

自分の出番はおおよそではありますが予想がつきます。終盤に入り、ランナーが出て打順が下位に回れば、私の出番は近い。ところが、併殺打などによって出番が次の回に持ち越されることもありますし、ホームランが飛び出すなど、戦況の変化によって出番がなくなることもあります。

私の場合は、ほどよく緊張し、ほどよくリラックスした状態を保ちながらその時を待つようにしていました。そして、監督がアンパイアに告げたあとにスイッチが入り、「代打、桧山」のアナウンスが流れるのです。

代打のおもしろさは、わずか一振りでチームの状況を好転させられるところにあります。いわば、一番のチャンスの時、チームメイトがお膳立てしてくれたなかで出ていくのです。もちろんせっかく作ってくれたチャンスに凡退すれば、批難されても仕方がない状況にもなりますが。

出場するのはだいたい試合終盤なので、両軍とも緊迫したムードのなかに飛び込んでいくことになります。シチュエーションも毎回異なるので、大変な役回りではあります。自チームのブルペンに行って、投球練習をしているリリーフ投手の活きたボールを見ることもありました。そうやって目を慣らしておいて、いざ打席に向かうのです。

私は打席のなかでいろいろなことを考えるタイプの打者だったのかもしれません。野村監督と出会って以来、その〝考える〟という傾向はより強くなりました。

そして大事なのは、先にも書いた〝自己暗示〟です。たとえば、相手が抑えの剛速球投手だとすると、私は自分にこう暗示をかけます。

「近くない近くない、速くない速くない」

ピッチャーズプレートからホームベースまでの距離は十八・四四メートルですが、剛速球投手と相対した場合、どうしても距離を近く感じてしまうのです。近いと感じてしまったら、実際の球速以上のスピードボールに見えてしまいます。ですから口ずさむことによって暗示をかけるのです。

それでも、私が野球人生で「こいつは近くに見える」と思ったのは、巨人のマシソン投手と山口鉄也投手、そして広島のミコライオ投手です。マシソン投手やミコライオ投手は球が速いうえに背が高く、角度のあるボールを投げてきます。苦手意識をついつい抱いてしまう投手だったのですが、私の現役最終打席は、そのミコライオ投手からのホームランでした。だから誰よりも私自身があの結果に驚いたのです。

また私よりも年上で、現役バリバリの中日・山本昌《まさ》投手も、近くに見えますね。球速表示は百三十キロ台ですが、リリースポイントがかなり打者寄りなので、近くに見えてしまうのです。

仲田's MEMORY

桧山ほど「I love me」の男を私は知りません。とにかく自分が大好き。仲間と食事に行っても、桧山の話のほとんどは自分のことです。けれど前にも書いたように、〝自分好き〟ということもまたトップアスリートに共通することです。そういった意味では、試合の大事な局面で登場する、代打という目立ちやすい役回りは、桧山にとって天職だったのかもしれません。

甲子園に「代打、桧山」のアナウンスがかかると、球場は轟《とどろ》き、大歓声に包まれます。五万の大観衆の視線を一身に受ける感覚は、コンサート会場のステージに立つアーティストに近いかもしれません。そういう状況に置かれた時、自分が好きな桧山は大きな快感を覚え、集中力もより研ぎすまされていくのでしょう。

チャンスの場面に大歓声を受けて出ていかなくてはならないとなると、緊張して身体を強ばらせてしまい、本来の力を発揮できない選手も多くいます。これは126ページに書いたような交感神経が優位に働き過ぎた精神状態です。桧山の場合は、「何としても打ってやる」と交感神経を働かせた状態でありながら、大歓声に酔いしれることで適度なリラックスをして副交感神経を働かせている。つまり、能力を発揮しやすい精神状態となるのです。これは訓練してできるようになることではないので、代打出場するうえでは大きな武器となります。

自分のことが大好きなだけでなく、桧山ほどポジティブシンキングな男も知りません。たとえば打席に入って、甘いボールを見逃してしまったとしても、くよくよせずに気持ちを切り替え、「次はもっと甘いボールが来るかもしれない」と前向きに次の投球を待ちますし、チャンスで凡退して敗退しても、自宅に帰れば気持ちが明日に向かっています。

根拠のない過度の楽観はマイナスに働くこともあるかもしれませんが、桧山のようにポジティブに気持ちを切り替えることができれば、一打席一打席の集中力がより高まっていくのです。

打席に臨む桧山の精神状態は、取引先でのプレゼンテーションなどに臨むサラリーマンの方にも参考になるのではないでしょうか。大事なプレゼンテーションであればあるほど、緊張によって身体が強ばり、思ったことが発言できなかったり、計画通りにうまく会議を進めることができなくなったりするかもしれません。

これは桧山を含む私が指導しているアスリートにも伝えていることですが、自分が緊張しているなと思ったら、まず深呼吸することをお勧めします。

緊張している時は気付かぬうちに呼吸が浅くなっています。呼吸が浅くなると酸素の供給量が減ってしまうため、思考力が低下したり、イメージ通りに身体をコントロールできなくなったりするのです。そこで深呼吸をすることによって、脳内に相応の血液量＝酸素が送られるようになり、落ち着いて行動できるようになるのです。

まずは五秒間、「スーッ」と鼻から息を吸い、次に五秒をかけて「ハーッ」と口から息を吐き出す。それを繰り返すことによって緊張はほぐれていくはずです。桧山をはじめさまざまなトップアスリートに伝授した方法ですので、みなさんもぜひ一度試してみてください。

19 選手としての引き際

できる限り仕事を続けたい――そう願っていても、いつかは身を引かなければならない日が訪れる。ほとんどの選手が球団から一方的に〝戦力外〟を告げられて引退を決めるなかで、自ら引き際を決められる選手はごく一握りだ。二〇一三年シーズンの夏場、桧山は野球人生で初めて夏バテを経験した。その時、身を引くことが初めて頭をよぎった。

桧山's HISTORY

私が肉体の衰えのようなものを感じ始めたのは四十歳だった二〇〇九年シーズン頃です。若い頃に比べて疲れやすいというようなことはなかったのですが、全体的に筋力が落ちているように感じられました。

私はずっと、「走れなくなったら、引退する時だ」と決めていました。走ることは、何も陸上選手だけでなく、すべてのアスリートにとって大事なことだと思います。それは、代打稼業となっても変わりませんでした。

野球は、走攻守すべてができて行えるスポーツです。ですから、一打席しか入らないとか、守備につく機会がない、あるいは出塁すれば代走が送られるからといって、守備練習や走塁練習を怠ることはありませんでした。

野球選手としての私のポリシーだったこの〝走力〟が衰えたと感じるようになったのが、一三年シーズンの夏場でした。疲労感が抜けずに、体力が回復しない。要するに夏バテになってしまいました。ケガでも負っていない限り、私は毎日シートノックにも加わっていましたが、外野の守備につくことができず、野球人生で初めて回避したのです。

「これで野球選手と言えるのか」と自問自答しました。しかし、練習に加われないのは仕方がありません。「ちょっと、トレーニングの内容も変えたほうがいいかもしれん」と思ったものです。「打って守って走って」という信念を貫けないのであれば、引退する日も近い……うすうすそう感じていました。

九月のある日、自宅にいた私のもとに一本の電話が入りました。ちょうど横には妻がいました。着信の表示には、球団関係者の番号が出ています。

「球団からや」

球団からは、「明日、話があるので時間をあけてほしい」と要請されました。それを妻に告げると即座に、

「引退？」

と、実にあっさり、そんなことを口にするのです。

「そうかもしれん」

翌日、予想通り球団から、進退を問われました。

私はすぐに回答することはありませんでしたが、夏バテで練習を回避して以来、覚悟は決まっていたようにも思い、ある意味、球団から背中を押していただいたような気がしました。

帰宅すると、再び妻からこんな言葉をかけられました。

「私は結婚してから、いつこの日が来てもいいように心づもりはしてたよ。現役生活は終わるけど、野球人生はまだまだ続くから、これからも張り切ってね」

仲田には引退発表を行う前日に電話を入れて、伝えました。

「あのな、健ちゃん……」

「何？　もしかして引退すんの？」

妻と同様、私が具体的な話をする前に、核心を突くのです。二十二年間、トレーニングを共にすることによって、ふたりは夫婦に近い関係になっていたのかもしれません。

仲田's MEMORY

「引き際は自分で決めたい」

かねてそう思っていた桧山も、四十四歳になる一三年シーズンまで現役を続けてきました。

ここまで書いてきたように、二十代前半は、筋力を鍛え上げていくようなトレーニングが中心でした。三十歳を迎えたあたりから、築き上げた肉体をより機能させていくようなトレーニングが中心となり、三十代後半にさしかかるにつれ加齢による衰えを極力避け、今ある筋力を〝持続〟させるようなトレーニングがメインになっていきました。

一三年シーズンに入っても、筋力的な数値は三十五歳当時から変わっておらず、かっては持ち上げられた重量が持ち上げられなくなったとか、脚力が極端に落ちたといったことが、桧山についてはほとんどありませんでした。コンビを組んだばかりの頃、土台作りに多くの時間を割きましたが、そこでため込んだ貯金が、四十歳を超えても衰えない身体を作ったように思います。

むしろ経験を積んで、野村監督時代に相手投手の配球を読む力を培ったことなどで、総合力では晩年の桧山のほうが、野球選手として秀でているのではないかと思っていたくらいです。

「二十代後半の時の体力に、今の頭があったなら、オレはスーパースターになってたんちゃうかな」

現役晩年の頃の桧山は、いつもそんなことを言って笑っていました。

もちろん、二十代後半頃に比べて練習量が減ることはあったかもしれません。しかしそれは疲労を考慮してのことであり、家族との時間も桧山が大切にしているからでした。

トレーナーである私が、初めて桧山の〝引退〟が近づいていると意識したのは、一年シーズンだったと思います。その前年のオフにケガを負って以来、桧山がこんなことを口にするようになったのです。

「チーム編成にもかかわることだから、いつまでできるかわからんけど、やれてもせいぜい四十五歳までかな」

引退の時期について桧山自身が具体的に言及したということは、すでに引き際を考え始めていたということでしょう。その言葉を聞いて私にできるのは、一年でも一日でも長く彼が現役でいられるようにサポートすることだけです。

一三年八月に、桧山は野球人生で初めての夏バテを経験していました。これまで経験のなかったことですから、彼のショックは計り知れません。ただ、スポーツトレーナーの見地に立っても、桧山はまだまだアスリートを続けられる体力を維持していましたし、少なくともあと一年は現役を続けられると確信していました。しかし、桧山にしてみれば思わぬこの経験が引退を決める引き金になったように思います。

桧山から引退の決断を聞いたのは翌九月の上旬でした。その日の夜、いつもは就寝の早い私が、一三年から通い始めた順天堂大学医学部の大学院に提出するレポート作成のため、遅くまで起きていたのです。すると深夜一時頃、突然、電話が鳴りました。

「こんな時間に誰やろ」

そう思って携帯電話を手に取り、彼の名が表示されているのを確認した瞬間、私はその日が訪れたことを確信しました。私が早寝であることは、桧山も知っています。それでもこんな夜中に電話をかけてくるのだから、大事な報告に違いありません。

「もしもし。まだ起きてた？　あんな、今年いっぱいで引退することになったわ。まだクライマックスが残っているけど、とりあえずそういうことになったわ。これまで本当にありがとうな。明日も会う予定やけど、直接そのことを伝えたら、健ちゃんは泣いてしまうやろ（笑）？　だからこんな遅い時間やけど、電話で伝えておこうと思って」

桧山の突然の報告にも、冷静な私がいました。いつの間にか、私のなかでも覚悟ができていたのかもしれません。あるいは、できることなら避けたい現実に直面した時ほど、人は冷静に振る舞えるのかもしれません。二十二年間を振り返り、感情の高ぶりが抑えられなくなるようなことはありませんでした。それは私自身も意外なことでした。

20

夢はまだ終わらない

引退発表を行ったあとも、桧山は悲願の日本一を目指し、チームのために何ができるかを考え続けた。十月五日には引退試合を行うも、チームはクライマックスシリーズに進出していた。最終打席もやはり代打で登場し、広島に一矢報いる本塁打を放つ。常に謙虚さを失わず努力を怠らなかった人間にとって、これは神様からの最高のご褒美といえた。

桧山's HISTORY

二〇一三年九月七日に私は引退会見を行い、十月五日に引退試合を開催してもらうことが決まりました。

八木さんに代わって「代打の神様」と呼ばれるようになり、私は代打安打数「百五十六」や代打通算打点「百七」という球団記録を作ることができました。レギュラーでなくなり、代打の切り札という形で球団の力になろうとしてきましたが、心の内では引退する一三年シーズンまで、代打という立場に満足せず、スタメン出場を目指してきました。ですから、ほとんど守備につく機会がないというのに、試合前はシートノックを受け、走塁練習も欠かしませんでした。

そういった姿勢が、結果的に選手寿命を延ばすことに繋がったはずです。もし「どうせ代打なんだから」と、打撃練習しかしてこなかったならば、練習量が大きく減り、〝体技心〟で最も大事な〝体〟が整わないまま試合に出場することになっていたはずです。

しかし、「代打、桧山」とコールされた時の、甲子園球場に地響きが起こるような歓声は、私の大切な思い出であり、宝物です。

「できるだけ長く野球選手でいたい」と思う一心で仲田とのトレーニングに励んできた私ですが、まさかここまで長く続けられるとは思っていませんでした。入団当初、「オレが低迷している阪神を変えてやる！」と意気込んでキャンプに参加したものの、練習についていくだけで精一杯で、「これは無理やな」と思ったこともありました。レギュラーポジションを剝奪されたことも一度や二度ではありません。

そんな選手が、仲田の支えもあって、二十二年間も甲子園球場のグラウンドに立ち続けることができたのですから、大満足です。

十月五日の最後の巨人戦で、引退試合を開催してもらいました。阪神はクライマックスシリーズが残っていたものの、幸か不幸か、この時点で二位という順位が確定していたため、気持ちよく当日を迎えることができました。ただ、心配だったのは雨です。ちょうど台風が迫ってきており、天気予報を見ても、怪しい空模様でした。

当日はお世話になった方々にたくさん来ていただくことになっていました。ところが雨で試合が中止になれば、いらしていただいた方に多大なご迷惑をかけてしまうことになります。ファンの方のなかにも、ありがたいことにその日に合わせて無理やりスケジュールを都合してくださった方も大勢いたと聞きます。順延となって、そういった方々に再度、スケジュールを調整していただくのは忍びない。とにかく「オレは晴れ男」と念じていました。

そして当日。天気予報が外れ、無事に試合が行われることになりました。私も久しぶりにスタメン出場し、打席に立つことができました。とはいえ、一本のヒットも打つことができず、試合を終えてしまったのですが。

試合後、マウンド上で球団や選手のみんな、支え続けてくれたファンの方々にお礼を述べる場が用意されていました。しかし、実は私は、スピーチの内容を完全には考えていなかったのです。七回の最終打席が終わり、ベンチに引っ込んだ私は首脳陣に断りを入れてシャワーを浴び、気持ちをリフレッシュしてからスピーチの内容を考え始めました。

私には湿っぽいスピーチは似合わない。引退試合はケジメですが、チームにも私にも、まだクライマックスシリーズが残っている。広島とのファーストステージを勝ち抜き、何としてでも再び巨人と対戦したかったので、選手と甲子園球場を埋めてくれたファンの方々の両方が、クライマックスシリーズに向けて気持ちが高揚するような言葉で締めくくろうと思いました。

二十二年間の感謝の言葉と、奇《く》しくもこの日の対戦相手と同じ巨人戦でデビューし、初打席は三振に終わったことを振り返り、最後に「忘れ物を取りに来ます」と大観衆に向かって宣言しました。忘れ物とは、現役時代に一度も手が届かなかった日本一です。最後に、阪神の選手とファンのみなさんに向かって「また一緒に戦いましょう」と挨拶し、スピーチを終えました。

涙はありませんでした。

「男が泣くことを許されるのは、親兄弟が死んだ時だけだ」

今は亡き父の教えを実践したまでのことです。私は野球で泣いたことは一度もありません。

タイガース一筋二十二年の現役生活において、私は八人の監督に仕えてきました。教わったことは数知れません。

一九九二年五月三十日に初打席、初三振。その翌日には初ヒットを打つことができました。両親は甲子園球場に足を運ぶことはありませんでしたが、入団二年目に福岡ドームで行われたフレッシュオールスターに両親を招待し、ホームランを打ってMVPを獲ることができた。両親に最大の親孝行ができた一日だったと今でも覚えています。プロに入ってよかったと、心から思えた瞬間でした。私の人生の指針となっていた父は二〇〇五年に亡くなり、前年には岳父が亡くなっていました。

特に岳父が亡くなった日は、試合があって駆けつけることができませんでした。しかし、その日に一本、翌日に二本のホームランを打つことができた時は、天国に旅立った岳父に力をもらっていることを実感した一日でした。

そして、現役最終打席も、ホームランです。「はじめに」にも書きましたが、この一本を打たせてくれたのは、野球の神様だったと思います。

思い返せば、私は二十二年間で百五十九本の本塁打を打つことができましたが、不思議と節目となる試合で打てたような気がします。私は私だけの力で野球を続けてこられたわけではないということを実感しています。本当に幸せ者です。

最終打席の試合で阪神は四対七で広島に敗れ、クライマックスシリーズのファーストステージで二連敗し、日本一への夢が潰《つい》えました。

現役生活に心残りがあるとすれば、二十二年間で二度、リーグ優勝を経験しながら、日本一になれなかったことです。この夢は、何年後に後輩たちが叶えてくれればいい。

そう思っています。

仲田's MEMORY

引退試合の日——。甲子園球場で観戦する時は、いつも試合開始直前に到着するように行動していましたが、この日ばかりは、試合前の練習から桧山の様子を見つめました。

引退セレモニーは涙なしでは見られないだろうと思っていました。引退の報告を受けたあと、いくつか桧山を特集するテレビ番組の取材を受けたのですが、彼の昔の映像を観るたびに、たとえカメラが回っていても、涙が止まらなくなってしまう私がいたのです。

しかし、いざ引退試合の勇姿――計三打席を見届けても、不思議と涙は流れませんでした。涙どころか、最後の打席でファーストゴロに倒れる桧山を見て、「もうちょっと若い頃のように力がみなぎっていたら、ヘッドスピードが落ちずに、打球も伸びてライト前ヒットだったかも」と笑ってしまいました。二打席目にしても、バットの芯で捉えたかに見えましたが、打球はライトフライ。あれも三十歳の時ならフェンスに直撃していたかもしれません。

直接桧山から「引退」を聞いた日と同様、私に涙はなく、引退セレモニーを終え、球場内を二周する桧山を見ても、

「これでもう進ちゃんのトレーナーではなくなったんだ……」

というような特別な感慨は湧きませんでした。クライマックスシリーズが残っていたため、正式な最終打席ではなかったこともその理由かもしれませんが、引退という動かしようのない現実に直面し、なぜか冷静に桧山の試合を観戦できる私がいたので

す。

クライマックスシリーズで放った最終打席の一発に関しては、ちょうど仕事中で、テレビで観ることすらできませんでした。ただ、私の携帯にも祝福のメールが殺到し、それらを眺めていたら、私も桧山と同様の気持ちになったのです。

「野球の神様って、本当にいるんやな」

そして、いよいよ引退となっても、やはり私には達成感のような感情は芽生えませんでした。それは今後もふたりの関係が継続していくからかもしれません。

最後の打席のあと、私は桧山にメールを送りました。

「引退おめでとう。ほんまのほんまの最後やな。お疲れ様でした」

「ありがとう。本当に野球の神様がいてたな。もう一回野球の勉強をし直して、もっともっと成長していかなアカンな。次のステージもがんばらんとね。今後ともよろしくです」

もう次の人生のことを考えて、前を向いている。これこそが、桧山進次郎だと思ったものです。

おわりに――桧山進次郎はアスリートの鑑

桧山進次郎という野球選手のトレーナーを務めて二十二年――。

とりわけ感心するのは、彼の継続する力であり、常に準備を怠らないという点でした。

三十代後半になり、〝代打の神様〟と呼ばれるようになっても、彼はレギュラー時代と変わらない練習を自身に課していました。

誰よりも早く球場を訪れ、人目を避けて黙々と打撃練習を行い、全体練習では守備にもつくし、走塁練習も怠りません。

彼は入団当初から「できるだけ長く現役を続けたい」という目標を持ち、「打って、走って、守って」こそ野球選手という信念を貫いてきました。それゆえ、代打専門となった現役晩年の数年間も、ひたすらスタメン出場を目指して練習やトレーニングを継続し、いつ声がかかってもいいように準備していたのです。

本書では、ビジネスマンの方にも通用するであろう桧山の生き方を、〝アスリートの鑑〟として紹介してきました。もちろん、心の底からそう思っているからこそ、この本も私が企画したのですが、この「おわりに」で、彼の欠点も明かしておかないといけないと思います。

それはあまりに〝頑固〟だということ。私に隠れて自分が納得できるまでトレーニングを行うため、体がパンパンに張って調子を落とすようなことが引退するまでありました。「自分にはこれが必要だ」と思ったら、意固地《いこじ》になって突き進む。それに振り回される人間がいることも忘れないでほしいものです。

また、待ち合わせの時間に遅れることが多いのも、困りものです。それは一般的にいう時間にルーズというわけではなく、ぱつんぱつんに詰め込んだスケジュールを時間通りにこなせず、結果として時間に遅れてしまうのです。せっかちで、いつも「時間がない、時間がない。健ちゃん、どうしよう」と言ってくる。どうしようと言われても、私にはどうすることもできません。そんなところもまあ、桧山の魅力ではあるのですが（笑）。

今後、野球選手とトレーナーという関係ではなくなりますが、これからは友人としてのつき合いが続いていくでしょう。彼は「ベースボール&スポーツコメンテーター」としての活動を開始し、いずれまた伝統ある阪神のタテ縞のユニフォームを着ることになるかもしれません。

私は私で、二〇一三年から順天堂大学医学部の大学院に通い始め、スポーツトレーナーとしての見識を広げようとしています。もちろん、同時並行でアスリートへの指導も行っています。

京都のジムで出会い、夢を語り合い、二人三脚で歩んできましたが、四十四歳という年齢まで現役を続けた桧山を微力ながらも支えられたことは、スポーツトレーナーとして大きな自信になりましたし、多大な財産にもなりました。

私の次の目標は決まっています。

桧山のような、人間的にも魅力のある、素晴らしいトップアスリートを育てることです。

仲田　健

〈著者プロフィール〉
桧山進次郎（ひやま　しんじろう）
1969年京都府生まれ。東洋大学卒業。1991年ドラフト４位で阪神タイガースに入団。1992年５月30日、甲子園での対巨人戦に６番ライトで初出場。2001年からの３年間、選手会長に就任。2003年と2005年のリーグ優勝時には主力選手として活躍した。以後、ここぞという時に決める「代打の神様」としてファンに広く愛され、代打としての起用回数・安打数・打点数でそれぞれプロ野球界歴代２位の記録を持つ。2013年10月14日、現役最終打席において、ポストシーズン最年長ホームランを放った。同シーズンをもって現役を引退。

仲田　健（なかた　けん）
1969年京都府生まれ。立命館大学卒業。ストレングス＆コンディショニングコーチ。独学で体と心の知識を深めて、阪神タイガース桧山進次郎選手、柔道の野村忠宏選手、プロゴルファー金田久美子選手のフィジカルトレーナーとして活躍する。過去にはプロゴルファー石川遼選手のプロ転向前から2012年まで専属トレーナーを務めた。トレーナー業の傍ら2001年第１回チアリーディング世界選手権金メダル、2005年第３回大会では銀メダルを獲得するなどトップアスリートとしても活躍。

代打の哲学

2014年2月20日　　第1刷発行

著　者　桧山進次郎　仲田健
発行人　見城徹
編集人　福島広司

発行所　株式会社 幻冬舎
〒151-0051　東京都渋谷区千駄ヶ谷4-9-7
電話　03(5411)6211(編集)　03(5411)6222(営業)
振替　00120-8-767643

印刷・製本所：中央精版印刷株式会社

検印廃止

ISBN978-4-344-02538-7　C0095
幻冬舎ホームページアドレス　http://www.gentosha.co.jp/

この本に関するご意見・ご感想をメールでお寄せいただく場合は、
comment@gentosha.co.jp まで。